启真馆 出品

启真·文史丛刊

夜阑听涛

高全喜 著

ZHEJIANG UNIVERSITY PRESS
浙江大学出版社

图书在版编目（CIP）数据

夜阑听涛 / 高全喜著 . —杭州：浙江大学出版社，
2015. 12
　ISBN 978-7-308-15262-4

　Ⅰ.①夜… Ⅱ.①高… Ⅲ.①社会科学—文集 Ⅳ.
①C53

中国版本图书馆CIP数据核字（2015）第248826号

夜阑听涛
高全喜　著

责任编辑	王志毅	
文字编辑	张　扬	
责任校对	周元君	
装帧设计	卿　松	
出版发行	浙江大学出版社	
	（杭州天目山路148号　邮政编码310007）	
	（网址：http://www.zjupress.com）	
制　　作	北京大观世纪文化传媒有限公司	
印　　刷	北京天宇万达印刷有限公司	
开　　本	635mm×965mm　1/16	
印　　张	16	
字　　数	122千	
版 印 次	2015年12月第1版　2015年12月第1次印刷	
书　　号	ISBN 978-7-308-15262-4	
定　　价	43.00元	

自 序

本书收录的大致是我近几年在各类报纸杂志发表的一些文章。现一册在手，闻到其疏淡而清远的墨香，不禁有些莫名的感怀。在此我要感谢约稿的编辑，感谢那些发表过拙稿的报纸杂志，感谢浙江大学出版社。

这些编辑在册的篇章，涉及古今中西、文史政法，确实是很杂乱，很零散，与我以前的专著风格截然相反。不过，细心的读者或许能够从漫无边际的叙述中感知到我思想深处的那种关怀，以及围绕其间的理路。我以为万径归一，人世间有普遍的道理，只是表现的途径不同。作为有限度的生命体，体察万事万物，俯仰朝曦晨露，是我们的权利，更是生之尊严所在。虽然，最终我们都要归于尘土，不可能真理在握，但我们毕竟走过了富有生命内涵的历史过程。这些小文浸透着我的思索，我的情感。权利与尊严俱在于此，这或许就是我所推崇的英国式的经验主义。

我不试图去说服谁，每个人都有自己的选择与判断。但我相信没有自由的言说，这个世界不可能是美好的。好在还有涛声，在大海的深处还有波涛汹涌的激流。

让我们夜阑听涛吧。

目录

1

大哉，梁启超！

——作为现代中国之立国者之一的梁启超

此次观看"南长街 54 号藏梁启超重要档案展览"，并聆听了讨论会诸位先生的高论，我感慨良多。诸位所言，大多集中于梁氏的思想学术贡献，以及此次首度公布的书信文物的史料价值，尤其是清华国学院参与此事，显然旨在把梁氏最终定位于"国学大师"的尊崇地位，并以此彰显清华国学院四大导师之光辉。对此，我当然没有什么疑义。梁启超在现代中国的学术地位高标史册，他作为清华四大导师之首，开中国现代学术之先河。我的老同学刘东副院长，苦心孤诣，积极襄助此事，无非是出于一片丹心，为清华国学院守魂，为未来中国学术赓续一炷香火。

不过，适才目睹了楼上布列的皇皇数百件信札，尤其是其中的"梁启超致袁世凯信札"、"梁启超手书退出进步党通告"、"声援五四运动电报"、"讲学社简章"以及多篇梁启超致父亲梁莲涧、弟弟梁启勋的信札，我不禁对主流学界关于梁启超这位国学大师的最终定位产生了些许疑惑。看看这些信札中揭秘的梁启超数十年奋力投身的事业之遗痕，那些有关保皇会、立宪运动、护国战争、五四运动的历史风雨和政治涛浪，那些涉及现代中国发轫之际的政治、经济、文化、外交和司法等多个方面的国家构建之细节，无不与梁启超的"德"、"功"、"言"密切相关。当然，梁氏是国学大师，但此国学大师非彼国学大师。我一直以为，民国初年的那批读书人，不是传统的讲席教授、饱学之士，而是致力于现代中国之开国立宪的建国者。梁启超承前启后，无疑是这批读书人的杰出代表。

纵观中西文明史，时至今日，任何一个文明国族无不经历着一番天翻地覆的古今之变。这几年我在主编一套六卷集的资料文献汇编，名曰《六国立宪时刻法政资料汇编》，大致三百万字，其中收录了六个大国在现代国家创建之际的政治与宪法性的文献资料。今天浏览"南长街54号藏品"，我颇有一番惺惺相惜。我主持编辑的六卷本之人物和篇章，与此次展览的梁启超物件相仿佛，遥看英、美、法、俄、德、日六国开国立制之人物，才是绅士、文豪、一时俊杰。相比之下，梁启超、张謇等民国学士，完全不让于欧美之开国者。所以，我想说的是"国学大师"似乎并没有穷尽梁启超之于现代中国的蕴含，清华国学院未必是梁氏的完美归宿。我更愿把梁启超视为现代中国的开国者之一，他首先或根本性地是一位立国创制的政治大家，其次才是启发中国学术的国学大师。

或许有人从事功层面上质疑梁氏的政治家地位：瞧！他可惜是一位失败的政治家，或许不该从事政治这种肮脏的事业，晚年寄托清华国学院，发扬国学，开出新章，才可谓适得其所。但我对作为政治家的梁启超却另有一种审视。我不认为梁氏政治事业的失败是作为政治家的失败，恰恰相反，这个失败从另外一个侧面印证了他作为一个伟大的立国性政治家的"悲惨的"成功。失败的不是他，是这个古老中国在经历古今之变中步入政制歧途，而梁氏之与时俱进的国家理念以及立宪惠民的政治诉求，穿越百年尘埃，直至今日，依然是现代中国立国之根基的先声，这岂不是作为一位开国之政治家的最大之成功耶？回望百年中国历史，近观"南长街54号藏品"，我耳畔回响的与其说是"国学"之"之乎者也"，不如说是"国是"之"天地玄黄"。今天我们过于把"政"与"学"两厢分隔了，一说到开国者就想起孙中山等政治人物云云，其实历史的真实远非仅仅如此；我更愿说，梁启超、张謇诸人，他们也是现代中国的开国者，而且其承载的历史天命或许更为光明正大与悠久绵远。

在清华国学院襄助的这个展览，谈上述我的这番谬论，还望刘东兄海涵。清华也不是象牙之塔，这数十年不也出场了一批又一批政治家，但愿他们能深得先导师梁启超的风骨与精神，成就梁氏未竟的开国之事业。

2012 年 11 月 5 日

于北京西山寓所

（原刊于共识网，2012 年 11 月 11 日）

融贯古今中西是那辈学者的本色

在座的人中，我年龄最小，见识最短。适才各位前辈和学长的发言，对于周有光老先生的道德文章，以及为人做事的开放胸襟与和平气象，说了很多，我都赞同。下面，我略微补充两点。

第一，今天的主题是"新启蒙与当代知识分子的责任"，我觉得这一主题在贺岁周老先生之际，显得格外意味深长。我和周老先生没有多少交集，但一直十分仰慕他。像周老先生那一辈从五四运动走过来的人，到现在都已一百多岁了，他们是历史的见证者，见证了处在古今、中西之变中的中国的真实面目，尤其是百年中国内在的精神脉动。作为一位读书人，一个现代的知识分子，能够持之以恒地保持着一份拳拳之心，守护着基本的良知，并为此担负起建设清明社会的责任，这是值得钦佩的。因为，现代中国的悠悠百年，可以说是大风大浪，曲折回环。能够在血雨腥风的时代巨变中，保持一份清明的智慧，能够在颠簸逆转的洪涛巨浪中，保持一种与时俱进的中庸之道，这种心智的底定之功，又有何人秉有？这是我从阅读周老先生的文章和人生中得出的最大体会，我觉得这也是我们后辈需要认真学习与体悟的为人为文的道理。

第二，毋庸置疑，周老先生是中国思想界的启蒙派学者，尤其是晚年，其不懈的常识性发言以及清明睿智的情怀，为社会各界所景仰。在此，我觉得有必要为周老先生的启蒙思想做些澄清。因为，时至今日，启蒙这个词语已经被滥用了。我们看到，百年中国的思想意识中，从民国革命话语以降，就有一种越来越激烈化、激进化的思想表现，这种激进主义的革命批判思想，与五四运动以来的启蒙话语，是有着这样或那样的联系的。但是，周老先生与这种激进主义迥异，他虽然是从五四运动走过来的，今天依然保持着"五四"的精神，但我们可以明显地感受到，在他的身上有很大的古典性。应该指出，启蒙的普世价值和传统的人文价值，西方的思想观念与中国的礼仪制度，并非截然对立的，它们其实共同地承载着人类的文明之道，与基本人性息息相关。周有光先生、胡适先生等我们知晓的前辈学者，都是百年来中国启蒙思想的先锋，但是我们从他们走过来的人生经历以及他们的人生态度和生活方式中，感受到的仍然是那种传统的、古典的、人伦日常的精神品质。这样的人生特质，当然还是启蒙性质的，只不过这种启蒙，从类型上说，与苏格兰启蒙思想若合符节，而与法国启蒙思想相去甚远。

周老先生是五四运动走过来的启蒙的一代人，到现在他所倡导的还是我们念兹在兹的启蒙，但在他的身上，依然禀赋着古典性和中庸之道的气质。在胡适先生去世的时候，蒋介石曾有一副非常得体的挽联："新文化中旧道德的楷模，旧伦理中新思想的师表。"我觉得，前辈学人给我们树立了一个榜样，即如何在一个日益现代化的物质世界，在一个中国越来越融汇于世界的过程中，维系那种清明而自然的古典精神。融贯古今中西，在现代性启蒙的批判中开出传统的清明睿智，可谓是周老先生那辈学者的本色，而对于我们，则需要艰辛的努力。

由于时间关系，我就说这么多，谢谢！

（原刊于腾讯读书，2013 年 1 月 14 日）

百年回头看贺麟

——人大社版《贺麟卷》编者导读

　　去年贺麟先生诞辰 110 周年纪念，恰巧中国人民大学出版社策划出版一套收录有一百多人的《中国近代思想家文库》，他们找到我并希望由我来编辑其中的贺麟卷。作为贺先生的学生，我当然义不容辞，而且这也是一个重新研读贺先生的著述以及缅怀师生情谊的机会。大致用半年时间，我按照出版社的有关体例要求，并依据自己对于贺麟思想要义的理解，编辑了这部《贺麟卷》。现一册在手，我掩卷思之，眼帘不禁浮现出贺先生慈祥的目光，那是一种"仁者"的形象。

　　我在《新京报》的长篇访谈中，曾经以"两个贺麟"为题，扼要地谈了对自己的博士导师贺麟先生的认识。现在《贺麟卷》要写一个导读，我将延续上述访谈的思路，把贺麟先生放在百年中国的语境中予以观照。我觉得，要理解近现代中国的学术思想性人物，离不开他们处身其中的社会，尤其是百年巨变的中国社会。其实，这一想法与这套丛书的构思若合符节，例如这套丛书要求只收录作者1949年前的原版著述，且按照年代顺序排列，就体现着思想人物与历史语境相互融贯的编辑意图。

大家都知道，百年中国经历着古今中西之变，1949年新中国成立以来，我们非但没有很好地延续中国思想文化传统的历史文脉，反而不断陷于决裂传统的革命激进主义社会改造和政治运动之深渊。现在的年轻人面对思想学术文化时，尤其在历史传承这一层面，缺失很多。虽然近年来，读书界有一个所谓的"民国热"，但各种媒体仍然留恋于表面热闹，甚至带有很多想象的成分。很多人对民国时期的一些学者耳熟能详，对其生平简历的一些八卦津津乐道，但都是浮于表层的认知。若要真正进入厚重的历史思想文化的内在文理之中，则需要一个缓慢深入的了解过程。

都说一个时代有一个时代的问题意识，今天我们借着《贺麟卷》的出版来谈论他的学术思想。作为他的学生，亲炙他的教诲，我不禁自问：贺麟对于我们今天意味着什么？贺麟先生是卓越的黑格尔研究家，是现代新儒学的代表人物之一，是中西汇通的典范，是学者，是导师等等。但这些对于我们来说，或许都是外在的。我们更愿意透过这些，洞悉一个思想家的心灵，考辨思想家们是如何面对他的时代的。每每念及此，我不由得感慨万端。历史有时是诡秘的，黑格尔说，命运时常捉弄人，只有超越历史的时间之限，才会发现个人与时代无法摆脱的关联。对此，台湾学者黄克武在新近撰写的《贺麟的选择：一代知识分子的困境》纪念文章中有发人深思的讨论。

从近现代思想史的视角来看，民国前后可谓是一个孕育思想学术的大好时代，内有古今之变，外有中西激荡，大时代提供大问题。常言国家不幸诗家幸，学术思想在一定程度上也是如此。贺麟前后的那一代学人，早年受蒙于传统，后大多留洋西方（包括日本），置身于中西文化的交汇之地，而后又在从民国到抗战的动荡中发展自己的学术。这一切，使得他们拥有多元的知识体系与开阔的学术视野，并将自己的学术思想与国家存亡、民族复兴、社会建设这些大问题结合在一起。总的来说，处于这个大时代（前后大致五十年）中的学人拥有难得的内外造化，相当一部分人成就于此，彪炳学林，比如康有为、梁启超、王国维、严复、胡适、冯友兰等等，他们形成了自己的思想体系，有经典著作面世，甚至有人还达到了所谓功、德、言之三立。不过，细致一点分析，这个学术思想谱系，又大致分为不同时期的三个学术群体：第一个群体的代表人物是康有为、梁启超，其思想成熟于民国时期，抗战前其实已然完成其历史使命；第二个群体的代表人物是胡适、冯友兰，其思想成熟于抗战时期，1949 年前已然完成各自思想体系的构建；第三个群体，则是于民国初期受教育，发轫于抗战时期，若 1949 年后有一个稳定的社会环境，或许会产生更加丰富、宏阔的学术思想体系。贺麟先生就属于第三个群体。

贺麟先生的新儒学，在抗战时期已经初步孕成，他基本打通了德国的古典哲学与中国的儒学思想，甚至有所融汇与开展，前景十分广阔。但 1949 年新中国成立之后，中国学术进入另外一个思想轨道，贺麟所处的旧时代的学者群体都被迫接受思想改造，此后一拨又一拨的思想路线斗争冲击着他们，他们心灵所受的伤害远比肉体的伤害更为残酷，这不能不在相当程度上窒息了他们的思想。1949 年，我们看到，有一小部分人到了港、台地区或海外，他们中有些人的天分资质及思想厚度并不高于留在国内的众多学者，但现今我们回顾历史时，却有霄壤之叹。牟宗三、唐君毅是比贺麟晚半辈的学人，他们著作等身、义理完备，当然声名及影响似乎也远高于贺麟。

在中国近现代思想史的脉络中谈论贺麟，我愿意用"两个贺麟"来概述之。当今学术界对贺麟研究不多，一般是统而观之，所谓中西汇通之总结，大多浮于表面。我所谓的"两个贺麟"，其分界时间即是 1949 年。其实，在研究梳理那一代学人的思想变迁以及精神状况时，这样的分界命题不仅可用于贺先生，亦可用于很多人文社会科学领域的学者。概括而言，他们的学术思想在抗战时期蔚然有成，孕育了强大的学术潜力，但历经曲折，道学绝绪，最终难尽全功。他们中的个别人在改革开放后又回到前一个自我，接续起彼时的原创性思想，最有代表性的是社会学家费孝通。但绝大多数人则是再也回不去了，还有一些人根本就没有活出那个斯文扫地的苦难岁月。

作为贺麟先生的学生，想到先生一辈子的学术事业，感慨总是难免的。如果没有现代中国的政治之变，他的思想成就又会是何种面貌？故而走进贺麟的学术人生，我不得不明确地意识到，这里有两个贺麟，前一个是身处中西思想汇通之际，拥有宏阔的学术视野并怀抱独创性的思想家，后一个则是黑格尔的研究专家和翻译家。

贺麟生于四川传统乡村的士绅家庭，少年时代，勤学刻苦，后进入清华预备班，对儒学、西学皆很感兴趣。他与张荫麟、陈铨被视为吴宓门下三大弟子，之后留学美国，受到了鲁一士新黑格尔主义的影响。他喜欢黑格尔，喜欢斯宾诺莎，故而又去德国留学，随后回国即服膺于抗战时期的文化建国思潮。1931年回国即写了一本小书，叫作《德国三大哲人：歌德、黑格尔、费希特的爱国主义》（原书名叫《德国三大伟人处国难时之态度》）。贺麟对拿破仑入侵德国时期前后的那批哲人、诗者多系同感，以其处境与中国当时相仿佛，他们在国破家亡之际，努力重建德国精神，贺麟将之引为自己的时代使命，且希望抗战亦能激发中国人的民族精神。

重要的是，贺麟把民族精神追溯到了中国的宋明理学，在他的《文化与人生》《近代唯心论简释》《五十年来的中国哲学》三本书中，基本理顺并阐述了他心目中的中国民族精神，诸如先天下之忧而忧，为万世开太平，天下兴亡

13

匹夫有责，礼教诗教之化育等等，他尤其强调精神的主体性，希望抗战能把古今中国一脉相承的民族精神激发起来。他所谓的唯心主义，不是认识论意义上的唯心唯物，而是精神意志上的，是心灵信仰上的。他认为，在德国古典哲学中，歌德、黑格尔、费希特等思想中的精华，也正是如此。贺麟把德国唯心论与中国儒家思想结合起来，在强调人的主体性继而发扬民族精神的过程中，找到了它们在精神上的同一性，隐然形成了中国现代新儒学中的"新心学"一脉。

新儒学是民国以来关于儒家思想新开展的总体看法，其实有不同的内在学理。冯友兰做的是新理学，他在抗战期间写了《新理学》《新事论》《新事训》《新原人》《新原道》《新知言》六部书，构成了一个完整的"新理学"哲学思想体系，总称为"贞元六书"，他所强调的是格物致知的儒家理学传统。贺麟与此不同，强调的是心学这个谱系，关注的是陆王心学一脉的思想理路，在"智的直觉"中开启天地与社会之理。其实早在抗战期间，贺麟就隐然有了一个有别于冯友兰现代新儒家的新心学理念。遗憾的是，他没来得及把这些思考付诸体系性著述，毕竟贺先生的年龄及资历比冯友兰要晚半辈。若假以时日，贺麟是能够创造出一个中国新心学的思想流派的，足以与冯友兰一派的新理学相抗衡。即便如此，贺麟先生的几篇重要论文，如《儒家思想的新开展》《五伦观念的新检讨》《王安石的哲学思想》等，被学界认为是现代新儒家的代表作，直到今天我们研究现代新儒家，都是绕不过去的。正如贺麟先生的一个学生张书城在《汇通集》中所言："在中西哲学的比较研究中，他兼收并蓄，择善而从，想建树一种具有时代特色、中国特色的理想唯心主义。但是正当这一体系'筹建'的高潮时刻，新中国成立了，他的唯心主义体系成了永久性的'未完成体'。"

我们知道，学术思想体系的形成，有一个很缓慢的孕育过程，必须涵容广阔的社会内容。现代新儒学与宋明理学虽有不同，但面临的任务却是相似的，宋明理学当时要消化的是佛学义理，试图把孔孟直至韩愈的儒学道统与佛学结合起来，建立理学。而民国以来，中国传统儒家面临的新任务则是消化吸收西学体用，尤其是西方的古典哲学，借此建立自己的新儒学。

我们看到，冯友兰接纳的是美国的实用主义、分析哲学，所以他构建了一个新理学，而贺麟接纳的是新黑格尔

15

主义、德国古典哲学。相对而言，贺麟所做的思想的厚度和思想的丰富性，比冯友兰的要求更高，任务更巨。贺麟虽然尚未构建出一套自己的"新心学"体系，但毕竟已有学术气象，且初具规模。假如1949年之后的社会政治稳定，贺麟或许可以慢慢孕育生成自己的"新心学"思想体系。但事实是1949年之后，中国社会、政治、经济、思想发生了巨大转变，他面临的不再是继续在自己的学术道路上前行，而是接受思想改造。这样，贺麟就进入到他的另一种人生，也就是我所谓的第二个贺麟。

置身度外去看历史，有时你会觉得别有一番意味。由于中国的官方意识形态是唯物主义，贺麟的唯心哲学自然无法发扬光大。但不幸中的万幸是，官方承认德国古典哲学是马克思主义哲学的来源之一，故而，黑格尔哲学是被允许翻译与研究的。所以第二个贺麟，就不再是那个汇通中西发展新心学的贺麟，而是一个以学者身份进行黑格尔翻译与研究的贺麟了。在这样的情况下，贺麟辛勤地介绍德国古典哲学，无论在翻译上，还是在研究上，都达到了其所处条件下所能达到的最高成就，要知道那是一个万马齐喑的时代环境。应该指出，中国现代哲学中的一些重要名词、概念、范畴，比如有无、对立、统一、差异、扬弃等等，都是从贺麟翻译的黑格尔哲学中提炼出来的，并成为哲学爱好者们所共享的专业术语。贺麟的翻译，其实就是一个现代学术建设的基本工程。翻译讲究信、达、雅，贺麟翻译的《小逻辑》，洗练、简洁，是西学翻译的经典性作品。可以说，他把从前的哲学研究转化为对翻译的痴迷，虽然他的新儒学发凡已断，但他的学术之志寄托在翻译之中，就像沈从文不写小说而去研究古代服饰，吴恩裕离开政治学专治《红楼梦》，这一代学人的心路历程，后来者只有穿越百年的孤独才能体察。

在纪念贺麟的文章里，我们能发现大家对贺麟的印象基本都是谦虚严谨、笃厚朴实，而非趋炎附势、曲学阿世。也正是如此，人们对贺麟的一些言行就难以理解，比如公开赞同唯物论、批评唯心论、激烈批判胡适的思想方法、批判梁漱溟的直觉主义以及晚年入党，被称是"历经坎坷找到光明的归宿"。依据现今人的想法，思想高明者似乎当固守气节，以义命自持，对权力保持明确的距离。如何看待贺麟先生的那些事呢？德国哲学家中，恩格斯就评价说，歌德与贝多芬相比，黑格尔与费希特相比，前者都有一个庸人的辫子。有个故事说的是歌德与贝多芬在街上聊谈，恰巧一位王公经过，歌德主动让路，还向王公离去的背影鞠躬，贝多芬就不以为然。还有席勒，与歌德相比，他是非常执着地批评王权专制的。但是，这些并不能证明歌德就比席勒差劲，黑格尔就不如费希特高尚。从某种意义上说，贺麟肯定不是中国近现代思想史中超凡绝俗的魅力型学者，他对于世俗权力，没有表现出明显的抗拒，或许留有歌德、黑格尔式的小辫子吧。但是，作为思想立场，贺麟并不糊涂，他在《文化与人生》（1946）谈论学术的文章，就认为学术必须独立，决不能成为政治的依附物，须鞠躬尽瘁，死而后已，以维护学术的独立、自由与尊严，学术是一个自主的王国。

这样一来，对于贺麟而言，在服从已然存在的政权之道，与他自己表述的学术独立之间，就难免有两难的困境。对此，我觉得还是要百年回头看贺麟。应该承认，无论是中国的传统儒家，还是德国的古典哲学家，对政权基本上都是趋于认同的。贺麟浸濡其中，难免不受影响，他确实是缺乏对于强权的抗拒意识。在《五十年来的中国哲学》一书中，他不仅写了孙中山的三民主义，还写了蒋介石的力行哲学。他曾在国民党的中央政治学校当教导长，赞同蒋介石当时鼓吹的新生活运动。蒋介石接见过他三次，毛泽东接见过他一次。贺麟先生对于政权的态度，其实是很传统、很古典的。对此，我曾很有疑惑。后来随着岁月流逝，我大体想通了。黑格尔有句名言，存在的就是合理的，对此可以有正反两个方面的理解。任何一个政权能够执掌天下，必然有其内在的道理。人们可以不赞同其说辞，但时代精神毕竟曾经留恋于此，至于合理的就一定会存在，则是另外一个逻辑了。时代精神已经离它而去，那它就要重新更化。我想贺麟认同的与其说是政权的事功，不如说是其背后的天命。但天命不是固定不变的，天命流转，精神不辍，这就是历史的命运，谁也逃不过。

至于具体说到他对胡适思想的批判，我认为一方面有政治环境的因素（当时的情况显然是人人必须表态才能过关），另一方面也还是有学理层面的考量。胡适倡导的美国实用主义哲学，与德国古典哲学的精神理路是存在差异的。各种思想的竞争在百年中国的近现代思想史中一直赓续不断，在思想层面上，他们当然有相互争鸣的可能性，只不过在大陆争鸣岐变为批判，我想这并非贺麟的初衷。在为人为学上，贺麟都称得上中国传统的道德君子，宽厚温情、儒雅中庸，特殊时代加于人间的痛苦，他也都一一承受，从未转嫁于他人。贺麟对于学术独立的向往，体现着他终其一生对思想自由的认信，但学术是学术的，政治是政治的。他基本上是书斋式学者，希望以小我融入外部的大社会，实际上则是被外部的大社会裹挟而行。

百年回首看贺麟的学术思想事业，我总的认识是：他早年汇通中西，首创现代儒家的新心学之义理，虽然蔚然有成，但终未开出博大精深之体系。继而后半生均致力于翻译和研究黑格尔，虽然另辟蹊径，开启了新中国黑格尔哲学研究之滥觞，但毕竟西学研究不是中国学术思想之根本。就中国思想自家的视野来看，早年的贺麟新心学具有原创性，其地位远高于后来的贺麟之黑格尔研究。具体而言，主要有如下三个方面：

第一，贺麟是民国以降中国学术界关于黑格尔翻译与研究领域中最重要的学者，时人对贺麟的认识是与黑格尔密切相关的。确实如此，贺麟翻译的黑格尔的《小逻辑》，可谓现代哲学的思想启蒙，具有极大的读者群，深刻影响了几代中国人的哲学意识。经过贺麟翻译的众多哲学术语，成为中国社会有关哲学讨论与思考的"通用粮票"。有研究者说，近现代中国翻译史中，只有《小逻辑》堪与严复翻译的《天演论》相媲美。

第二，贺麟一辈子崇尚唯心论，这一点即便在思想改造之时，也没有泯灭。他所理解的唯心论，是理想的唯心论，是关于心灵与精神的哲学。他在德国古典哲学那里，在斯宾诺莎的人格中，在德意志民族精神的风范里，在中国孔孟之道的开展中，在程朱、陆王的理心之学中，在传统中国的礼教和诗教上面，发现与体认了这个理想的唯心论。所以，德国古典哲学与中国新儒学，在他那里并无隔膜，而是统一的，是宇宙之大我，是精神之表现。故而，他特别欣赏黑格尔在《精神现象学》结尾引用的席勒的《友谊颂》中的那句名诗："从这个精神王国的圣餐杯里，他的无限性给他翻涌出泡沫。"

第三，贺麟创建了基于新心学理路的新儒学。我认为，就现代中国的学术思想之前景来看，贺麟先生的思想发凡不但没有完结，反而正在历史的孕育之中。就此来看，贺麟可谓远见卓识。因为，21世纪之中国，在政治变革完成之后，我们的传统文明能够贡献于人类的，乃是中国文化之伟大的心灵。这个秉有三千年之历史的古老民族，其新生的标志，不是普世制度之构建，而是融入普世价值的新理学，尤其是新心学。这一点，早在半个世纪之前，贺麟前后的那一辈学者就已揭示出来。

根据中国人民大学出版社的体例要求，这部《贺麟卷》原版收录了贺麟 1949 年之前的重要论述。根据自己对于贺麟思想的理解，并参考其他编者的同类编著，我除了与博士生杨洪斌一起查阅了这些著述最早刊发的版本并予以一一对勘之外，还将文章分为三编。第一编，主要是收录贺麟有关中国儒家思想的论述，其中尤其关注体现贺麟开启新心学一脉的诸篇文章。第二编则是收录贺麟 1949 年前关于西方哲学，尤其是关于黑格尔哲学的论述，从中我们可以看到，贺麟的儒家思想发凡是熔铸于西方理想唯心论的思想语境之中的。上述两编，虽然有所谓中西学之别，但对于贺麟思想而言，它们并非互不关联，而是精神相契的。在此，我赞同贺麟先生的另一位学生张祥龙所言："当贺先生讲'注重心与理一，心负荷真理，真理［直］觉于心'时，其中就充满了宋明理学与西方哲学主流见地的相互感应和振荡。看不到直觉在这里边的作用，就会将这话或当作宋明儒之常谈，或当作唯心论之旧见，而失其沟通中西、联结古典与当代的要害和新意。贺先生一生致思风格，全系于此。"第三编，虽然体量不大，大多是贺麟早年在清华读书时有关论述翻译要旨的小文，但这种汇通中西的体认，在中国近现代思想家中，却是兹事体大。贺麟沿袭了近代中国学术的传统，通观他一生的著译，不啻为中国学界的严复"传人"。

在当今中国，延续被中断的思想文脉，需要返璞归真，树立正道。对前辈学者最好的尊重，就是认真阅读他们的作品，要认识、理解他们的历史时代，将他们放在整个中国近现代学术思想的发展史中加以理解。"仁者乐山，智者乐水。"我认为，在"两个贺麟"的背后，一定有某种精神的力量透彻其间。检视今天，我们的时代诉求新声，重新觅得贺麟先生念兹在兹的"时代精神"，这或许是对他的最好纪念。

2013 年 10 月 20 日

于北京西山寓所

（原刊于《读书》，2014 年第 5 期）

成中英《儒学的宪政发引》评论

非常高兴听到成中英教授关于儒学中的宪政发引这样一个主题讲座。他基本上是在西方宪政史的背景下给我们梳理了中国儒家脉络中具有宪政内涵的，甚至具有中国独特性的儒家思想。由于时间关系，他对儒家的经典和相关制度的阐发不可能那么仔细，但我们仍然可以通过他对民主的两种分类，对儒家思想几个阶段以及与这几个阶段相关联的几个重要典章的分析，把握一种以中国儒家为主导的宪政思想的大致的脉络和框架。

听了以后，我觉得作为法学院的同学，我们确实可以从思想层面上受到很多启发。成教授作为当代著名的新儒学的代表人物，在海峡两岸和欧美世界一直推进和宣扬中国儒家思想，他从哲学层面上为儒家的宪政制度提供了一种基础性的思考。为此，我觉得我们有必要好好读读《洪范》《周礼》和春秋公羊学，尤其是新旧公羊学的历史演变，甚至直到今天的政治儒学，辛亥革命前后，康梁变法中的儒家思想，这些都与传统有关。这些方面都值得我们认真思考。

在此，在我非常同意成教授对中国儒学宪政发引的基本脉络分析之后，我还想谈谈在当前中国思想语境下，我们应该如何看待古典儒家思想，尤其是把古典思想导入中国社会变革，并试图予以理论化与实践化。

就像刚才王焱谈到的，宪政有古今之变。从古典宪政到现代宪政，这里有一个重大的转变。在西方，关于古典社会，有着不同凡常的美好生活的理念，以及相关的一系列如何过美好生活的制度设计，无论是古希腊罗马的城邦社会，还是基督教的神权政治，其制度理想均是致力于一群人合在一起，形成一个共同政治体，大家过美好生活。过美好生活是古典宪政的内涵。但是，到了现代社会，从古典宪政到现代宪政的一个重大的转变，在某种意义上讲，就是把政治上的宪法诉求降低了，把理想降低了，放弃了私人领域与个人道德领域，逐渐只限于公共领域，集中对公共领域中的国家政府拥有权力的限制和规范。

我们在此不禁会冒出这样一个问题：古典宪政不是很好吗？一群人过一种美好生活，这样一个宪政目标，怎么到了现代之后，反而追求降低了呢？一般我们读古典政治思想，都会感到那时的作品非常崇高，心灵充沛，荡气回肠。古典社会炮制这一套制度设置，那些思想家们对当时的理想社会以及现实状况的描述，对政治家的赞美是非常高的。怎么到了现代社会，现代的宪政制度反而把美好生活放弃了，最后变成一个越来越规范的东西，只是规范权力、规范政治。确实，人类文明或者宪法政治，从古典形态到现代形态，其理想追求确实是在逐渐下降，我们不得不承认这个现实。从某种意义上说，古典学问是伟大的，现代学问是卑微的。

但是，尽管古典理想是伟大的，但它们有一个致命的缺陷，即古代那一套制度设置没有办法约束这一群人中必然要产生的对权力的个人性的占有，以及它的暴力和专断。古典社会除了驯化自己的道德良知和自我道德修养之外，它没有办法制定出一套相应的制度，对权力予以驯化及有效地制衡和限制，以防范古典政治中拥有权力的个人、群体、阶级滥用权力。我们看到，罗马共和国从共和制到帝制到专制的转变，到整个罗马的衰败，权力的魔手一直伴随着罗马的发达，直到最后把共和国断送。古今之变，在

26

宪法意义上来说，就是变成了通过宪法制度，约束政治专权，无论是政治人物还是政治组织都不能恣意妄为。所谓的宪政基本上是约束公共权力，保障个人的基本权利，放开私人空间，它越来越被束缚到一个重要而狭隘的公共领域之中，即权力领域、政治领域、国家领域。

对比西方的宪政演变过程，我对中国儒学思想或者中国传统政治，一直有着一种矛盾的看法。一方面我认为，作为中国的传统思想，儒家思想确实是一个古典宪政的基本版图，它是美好生活的样态。讲究和谐、道德情操、天下为公，诸如此类一系列伦理性、道德性的东西，古代的士绅把"齐家、治国、平天下"作为一个典范，这与西方古典宪政有很多精神价值上的共同点。但是，另一方面，我觉得中国儒家思想中的宪政内容，在中国古典社会从来就没有真正实现过。尽管儒家传统源远流长，但一个专权专制的社会也是历历在目。大一统社会，对整个社会的控制，有一系列残暴和专制的因素。这些因素与儒家的德行政治和宪政蕴含，两者是运行不悖，甚至互为支持的。

所以，我们应该看到这样一个层面：古典宪政在中西方都有千年的历史，一方面有它非常美好的德行高尚的方面，但是同时我们也看到它非常专制的、专权的、专政的方面。但对西方而言，它的宪政是完成了古今之变。它的最终目标可能是降低了，但它使人的美好生活至少可以在一个低层面中实现低级自由，或者第一位阶的自由。中国的古典宪政一直到今天都没有实现或者没有走完它的古今之变。

所以探讨中国古典宪政问题，成先生谈得非常好，尽管它如此完美，依然会产生秦汉专制。还有，既然古典宪政如此完美，为什么到了明清之际，甚至到了与西方民主国家在一起的时候会产生如此的衰败。这和儒家所谓美德结合在一起，我们会觉得古典宪政的理想性和当今所诉求的现代宪政的制度内涵，在精神层面是不相同的，甚至是敌对的。

如果完成儒家思想的古今之变，我们可以塑造古典社会的那种美好制度和道德情操。那和我们还没有走完制度变革就评价古典宪政的感受是不一样的。对现在的中国来说，首先面临的是要实现现代宪政，最主要的就是约束政治的专断权力，维系个人的以人为本或者个人的基本自由，包括言论自由、生命自由、财产自由、结社自由，这是宪政的最主要目标。在这个制度完成之后，或者初步走完了它的基本制度构建之后，我们再来评价古典宪政的那些高尚、美好的高级版的理想，可能会更加恰如其分。我们现在处在一个吊诡的深渊里，当评价古典宪政高级版的时候，就会感觉非常矛盾。

就是说，古典的东西抽象地说是很好，但我们现在假如要用古典那一套东西，那么，它能够给我们真正的力量，使我们实现现代宪政吗？我觉得很难。但是我们又不能说古典的东西不好，因为现代宪政最后达到的目标是很庸俗的，它没有古典宪政高级的道德性。现代宪政最终实现的人就是一个俗人，但是可以有自由。古典宪政是成就道德的人，很高级。这是一个矛盾，我自己都不知道在这个矛盾中究竟应该怎么主张，我一直处在困惑中。这是我听了成教授和王焱两个人发言之后的一些感想，谢谢。

（原刊于共识网，2011 年 12 月 2 日）

神州何处《公天下》？

《公天下》这本书，吴稼祥写得很苦，很伤元气，故而在书的题记中，他有这样的感慨："此书，朝成夕死可矣。"由此也可见他的自信与期许。记得数年前，《果壳里的帝国》甫一出版，他与我聚谈，就发誓要写出一本压卷之书。这些年，吴稼祥殚精竭虑，终成此果，可喜可贺。

现一册在手，风雪迷蒙的京城不夜天，我披阅览读，蓦然想起一幅漫画，描绘的是法国大文豪福楼拜，他拿着一具解剖刀，淋漓尽致地把包法利夫人的灵魂剖个透亮。好锋利的解剖刀！这是我读《公天下》的第一感觉，往复四千年的中国政治制度，在吴氏笔下被分解得明明白白，可谓现代版的庖丁解牛。不过，真要写个书评，传统的点评笔法却不是我想做的事情，为了能够与他的理论厚度相匹配，我觉得有必要从政治学原理上梳理一下吴稼祥的这部《公天下》。

一、多学科高度融汇的政治理论著作

吴稼祥曾经申言，他的这本书不是政治哲学，而是政治理论。我觉得，他的这个自我定位是非常准确的。因为所谓政治哲学，关注的是有关人类文明共同体（或扩展的族群、社会、国家之共同体）的存续之正义与良善的思考，集中关涉的是道义价值问题；而政治理论则是探讨这个共同体之运行与演进的制度沿革，集中关涉的是规则与制度的机制效能问题。《公天下》为我们所描述和呈现的乃是这个中华共同体的四千年政治制度的机制功效及其升降浮沉。

在我看来，仅用政治理论著作来定位是不够的，吴稼祥的这部书具有多学科高度融汇的理论特征。首先，《公天下》具有中国政治史的学科视野，贯穿其中的乃是一部基于中国政治演变的制度史，因此我说它是一部政治史的著作。其次，《公天下》又是一部具有政治学原理性质的理论性著作，而不是一部史论，吴稼祥通过对政治史的演变分析，提出了一套具有原理性的观点和主张，甚至提出一系列独特的概念和范畴，所以它又是一部政治学理论著作。最后，《公天下》还是一部贯穿着中西政治文明的比较学著

31

作。吴稼祥的中国政治的史与论，并不囿于一个封闭的中国视角，而是预设着一个人类政治文明演进的宏大视角。不理解世界史，就不可能读懂《公天下》，所以它又是一部比较史学的著作。

如是观之，我认为《公天下》是将政治史学、政治理论与比较政治学融合在一起的一部多学科高度融汇的政治理论著作，对于这样的一种理论的雄心，我是击节称赞的，治中国政治，必须有这样的理论勇气和多学科融汇于一体的穿透力。当今的中国学界，学院体制内的那些牛头马面之徒，是少有如此的胸怀和胆魄的，急功近利和中规中矩，做不出生龙活虎的学问。《公天下》是一面镜子，照出了学院体制的猥琐，呈现出另一种思想生产的勃勃生机。

二、《公天下》政治理论的独创性

毫无疑问，《公天下》是一部杰出的政治理论著作。但是，政治理论著作何其多也，《公天下》之所以令作者期许甚高，且赢得广泛赞誉，在我看来，除了前述的大视野学科融汇之背景外，主要在于该书极具理论的独创性。我认为，《公天下》的学术理论贡献在于，作者在一个中西文明政治对照的宏大背景和比较视野之下，发现了中国政治四千年制度演进的一种本质特性，并用其独创的吴氏逻辑揭示出来，使得这个问题具有非常独具的中国性。也就是说，只有中国这样一个历史演进的政治文明体，才具有此书所表述出来的这种结构及问题。

下面我一一解说吴稼祥的独创性理论贡献。

（一）发现了"超大规模国家"演变的规律

《公天下》的第一个问题意识，就是中国是一个"超大规模国家"。这一点具有非常重要的理论突破性、独创性。为什么这样说呢？古往今来，中国就是一个大国，所谓泱泱大国，不过是一个常识，在众多的历史学、政治学著作中，这个常识性认识比比皆是，什么地大物博、人口众多、历史悠久等等。《公天下》在这个常识方面，看上去与大家也没有什么不同，但我为什么认为这是他的独创性理论贡献呢？

关键在于，众多之论绝大多属于泛泛而论，不是历史统计学的计算（而且还非常之粗疏），就是一般历史现象的感觉；"规模"从来没有上升到一种核心的政治学概念，更没有依据政治学原理，对中国作为一个"超大规模国家"的规模压力和规模压力之下的纵横演变之政治逻辑做出一种政治学原理的分析与论述。《公天下》从政治结构和王朝兴衰的制度与历史两个层面剖析作为"超大规模"的中国政治体，可以说是前无来者，独此一家。吴稼祥在这样一个具有时空双重维度的制度结构中，通过检索历史往复提炼出一些核心变量指标，并赋予吴氏专有的一些概念术语和原理构造，归纳出了具有独特概括性的中国政治结构演变、王朝兴衰的规律，这些都是"超大规模国家"结构中所呈现出的中国问题之真章。

当然，西方诸国的现代理论家也有讨论国家规模的，例如孟德斯鸠和联邦党人，都以为一个国家的规模与政体有着密切的关系，孟德斯鸠认为君主专制政体与法国规模相匹配，而联邦党人则创造性地构建了复合联邦制，用共和政体医治了古典城邦小国的共和病。此后，保罗·肯尼迪之类的国际关系学者，也大多从规模的视角纵论了西方大国的兴衰，揭示了三百年欧美世界的制度演变的机制。总的来说，西方政治学从罗马史学开始，就重视国家规模问题，尤其是进入现代民族国家之后，国家规模以及内政外交的政治逻辑凸显，致使西方政治学把国家规模与政体制度联系在一起，并且伴随着这些较大规模国家制度的演进，在一个世界历史的图景下，找到了一种政治治理的现代制度和政体模式。我们看到，今日的西方社会，俨然走出了他们的古典时期和近代时期，走上了一条富有生机的制度演进之路，这就是民主、法治、宪政之路。

但是，中国这样的国家，与世界任何一个存续下来的政治共同体相比，即便是与西方诸大国相比，它的规模问题确实是独一无二的，或者说中国古往今来都是一个"超大规模国家"。这种规模当量，是西方人没有意识到的，也是不可能进入西方政治学理论之内在结构之中的。我们说，任何一种政治学说都是其现实状况的理论表述，西方人的规模政治学是基于西方人的规模认知的，但中国这样的"超大规模"不是西方人的政治意识的，他们对于规模的思考，不可能有中国这样的超大尺度。但是，吴稼祥的问题意识，如果是中国的，就必然要觉察到这种规模的理论压力，于是"超大规模国家"，就成为《公天下》的前提，也就是吴氏理论的出发点。我所说的独特理论贡献，首先就在这里。固然，他可以借鉴西方的政治学，尤其是其政治学中的规模分析之经济学、社会学、地缘学乃至政体论的方法要素，但这些，都被他纳入"超大规模国家"的开合升降之结构中。所以，他由此得出的一系列结论是独创性的，也是发人深思的。

有了超大规模的理论尺度，并不等于解析了中国政治历史的问题。《公天下》的第二个问题意识，是明确得出了中国这样一种超大规模国家的结构演变，其最终已经走进了一个死胡同的结论，也就是说，四千年已有的国家治理方式，终究破不了自己的衰败之难题。

吴氏理论之所以是政治理论，而不是一种政治预言或经验感觉，其关键也在于此。其实，我们看历朝历代那些关于中国治理之道的经史子集，那些所谓的《资治通鉴》《国史大纲》等等，基于国家规模的感觉、洞见、教诲甚至预言，比比皆是。例如，关于几个盛世，家喻户晓，可为什么是盛世，解释不出道理来。为什么王朝衰败乃至灭亡了，为什么中国的历史大多处于不好不坏，或相对较坏的时期，却可以延续下来、苟延残喘？历史学著作大多是无解的，它们只是记录下这些事情，用一些所谓传统治道以及皇帝好坏等归纳起来的外在指标，来衡量盛世、败世，或常态政治的状态。

所以，大量的中国历史学著作，甚至比较杰出的，像钱穆的《中国历代政治得失》之类的，也只是说出其然，说不出其所以然。作为理论著作，《公天下》就很好地解释了整个中国文明四千年来政治制度兴衰变迁的得与失。吴稼祥有非常过硬的一套逻辑，不仅仅有统计学意义上的图表，还有一套政治学的结构与变量的原理分析。《公天下》是将中国四千年政治历史作为一个整体的研究对象，我们看到，这种研究在中国目前已出版的史学和政治学著作中是少有的。当然，很多人写过关于中国古代历史、古代政治的著作，但基本上都是局部性的，比如某个断代史，某些律令研究，某些人物传记等等。但是，就我的眼界来看，时下还真没有像《公天下》这样一个大结构的原理性著作。用一个大网把中国四千年政治历史全给覆盖住了，纲举目张，这是吴稼祥的贡献所在，也是他书中最有价值的地方，以及最吸引人的地方。可以说，他用非常简短的篇章，把中国四千年历史中"最值钱的干货"提取出来了。

而且，我觉得，这个"值钱的干货"并不是指只提取好的干货，坏的干货他也一并提取出来了。吴稼祥追求的是政治科学，而不是政治哲学或卫道学，在这一点上他不像当代的儒家，只愿好的干货提取出来予以褒扬，而对在功能上与好干货一样的坏干货，就视而不见了。吴稼祥与之不同，没有价值先行的考量，而是在《公天下》中设立一个客观标准，不分儒家、法家，或任何治理之道的价值分野，只是把支撑中国四千年历史演变中最关键的那些干货，或者说主宰中国政治史演变的那些最重要的逻辑要素提取出来后，按照超大规模国家的政治结构，予以变量化的演进分析，将其各就各位地安放到他总结出来的图表之中，使我们看到了中国四千年政治历史演变的真相，得失利弊、兴衰升降，尽在其中矣。从某种意义上说，吴稼祥的《公天下》不是"管中窥豹，可见一斑"，而是破解了中国作为"超大规模国家"的历史演变之谜。

（二）形成了一套具有吴氏标签的政治理论

《公天下》的另外一个理论贡献，在于吴稼祥通过对中国作为"超大规模国家"的问题的历史结构分析，形成了一套具有吴氏标签的政治理论体系。看上去，这个吴氏理论尽管洋洋洒洒，机枢繁多，但说穿了，不过一句话，就是规模压力下的正反制度博弈。一部中国政制史就是超大规模压力下的权力王霸之道的历史博弈，最终霸权铁律统摄着这部历史，直至它解体。

不过，上述的一句话，凝聚了吴稼祥数年的呕心沥血，构成了一套体系性的解说。具体一点说，《公天下》超越了众人有关规模的感觉，而是把规模压力视为吴氏理论的出发点，独创性的规模压力作为一种权力结构变量，形成了一套结构性的逻辑认识。例如，他分析了四大规模依赖和五大权力偏好，解剖了霸权铁律，以及中国历史从公天下到家天下的演变机理——辐辏机理，还有兼天下的减压模式，还有高压稳态的五大陷阱之祸，还有五种政体等等。通过上述这些独具吴氏特征的概念命题与逻辑分析，《公天下》就不再是一个传统意义上的历史解说和历史叙事了，而是一种政治理论。

这样一来，《公天下》的笔法就具有了很独特的吴氏理论的个性化色彩，作为一种理论，如果没有对中国四千年历史之政治结构的精辟解剖，是很难形成的。在我的阅读中，以权力为轴心来分析政治制度，以及王朝兴衰，没有什么稀奇的，主流理论大多如此。但是，如果把超大规模国家视为独一无二的对象，把权力轴心与这个规模要素结合起来，分析其权力兴起尤其是权力落差带来的制度形态，那么对于中国四千年政治文明史就具有了非凡的意义。吴氏理论的要害便是一把抓住了这个核心点，以此为孙猴子的金箍棒横扫天下。其实，中国和西方一些学者的著作，也都多少论及他提出的所谓霸权铁律、权力落差，以及辐辏机理、五大祸害等等。但是，他们只是在其研究的内容中有所论及，即便着重讨论，也是局部性的、史论性的、策论性的，从而没有谁由此构建出一套政治学原理性的体系性论说。而《公天下》却能够高屋建瓴，把这个霸权铁律与超大规模的国家治理问题，视为解剖中国的第一原理，或元问题，其他都是次级问题——这本身就是一个独创性的理论贡献。吴稼祥认为，从政治学意义上，他处理的是第一数量级的问题，其他都是次要的问题。可能在别人眼里，并列排序的还有其他十个八个不等的问题；而在吴稼祥眼里，除了第一数量级的问题，就不值得多论了。故而，他才敢于用如此之薄的小书来纵论泱泱四千年的中国政制史。

我说了那么多，还是谈理论，下面我想摘取一二，对吴稼祥的一些观点稍作评议。第一，在解释了为什么中国文明有从"公天下"到"家天下"的演变，即周秦之变之后，吴稼祥对于汉代兴起的"龙神权威"，以及其产生、演化及其变异的考察剖析，甚为精彩，我以为这也是《公天下》的一个重要的逻辑环节，其解释的深刻度和穿透力，可以说超过了其他同类的史学和政治学著作。由此我们读懂了，在权力治理的国家形态下，周朝兴起之后的"家天下"为什么不同于郡县制的"家天下"，为什么是周的"家天下"有"公"的道理，秦汉变迁中秦为什么会如此之快地土崩，而汉朝又如何通过"龙"这样一个象征符号，建立起一个大致延续到晚清的"龙天下"的一家一姓之帝制。我认为，这是《公天下》一书中非常突出的一个亮点。

第二，吴稼祥对历史上的三个"盛世"有一套自己的说法。他眼里的"盛世"，主要是指符合政治学原理的治理之道。"盛世"不在于一个国家的政治权力、军事权力以及对外扩张这些表象特征，按照政治学原理，真正的"盛世"是国富民安，藏富于民。一个社会体，首先是一个社会的生活共同体，大家置身其中，衣食方面能有所得，安全能得到保障，有一个基本的秩序；其次就是物质生活相对来说还能温饱；此外，精神生活富有内容，礼仪道德流布朝野，这就是难得的盛世了。纵观历史，这样的盛世，均是国家的政治权力相对处于弱化但还没有溃败的时期，这样的特殊时期往往是很难持续的，所以在中国四千年的历史中满打满算才有三次，即汉之文景、唐之贞观、清之康乾。所谓的一头独大并不是盛世，像汉武帝时虽然国家强势，但却不是"盛世"。把老百姓搞得那么苦，国家强大跟他们又有多少关系呢？所以，吴氏的《公天下》效法乎《国富论》，我们翻译错了，应该译为"民富论"才对。国富民强，国强民富，不能弄成国强民弱，那不叫盛世。

第三，《公天下》对于政体的独特分析，具有中国的政体论特色。一般政治学谈政体论，不外乎古典谈亚里士多德，近代谈孟德斯鸠，新创谈联邦党人，有君主政体、贵族政体和共和政体，以及它们的变异形态，即专制政体、寡头政体以及民主体制，还有混合政体，还有复合共和政体等等。基于中国的超大规模，吴稼祥构建了他的五大政体分类，即王道A—辐辏政治、王道B—负压政治、霸道—高压非稳态政治、霸道A—混压非稳态政治、霸道B—高压稳态政治。这五种政体模式，除了把儒家的大一统与大居正的理想政体破除之外，基本上构成了中国现实政治运行中的基本模式，把国人津津乐道的有关君本—民本、封建—郡县、权威—权力、多中心—单中心等一系列至关重要的政治问题，都囊括其中了，并给出了吴氏理论的透彻辨析。

（三）名不副实的《公天下》

关于中国，《公天下》还有另外一个理论贡献，即揭示了中国政治或者中华文明内在的危机性，这是一个解不开的扣，或一种反噬自己的蛇的逻辑。百十年来，人们谈到中国文明，都说中华文明到了最危急的时刻，言下之意，这个危机是西方列强打进来造成的。那么，如果没有西方列强或者没有与其他文明国家的冲突，中国是否就可以周而复始地延续下去，自我循环了？甚至否极泰来，会有不断的盛世？一般来说，大家都认为中国文明还是富有生命力的，把中国的国族危机归因于西方，尤其是西方国家的殖民和侵略。

吴稼祥的《公天下》则不这样看，他认为这个危机是中国政治体本身所固有的，它的"超大规模"结构注定了这个政治体扩张到力所不逮的边界之后，自然就会面临着专制集权进而崩溃的结局。所谓"盛世"只是非常偶然的、短暂的瞬间，或者说是较长的黑暗之中的偶尔之微光。这个"超大规模"的文明体内部早就没有活力了。西方社会之所以有活力，则是因为它们是良性竞争的产物，在逐渐深刻的冲突与博弈过程中，激发一套有生命力的、公正的、法治的社会治理机制和宪政制度。中国作为一个超大规模的国家，在四千年的演变中，并没有产生西方近代以来的那种基于人民主权的优良政体。即便没有西方的入侵危机，这个共同体在如此规模的艰难跋涉中，也会陷入自我瓦解和崩溃，或者较长时间的停滞性的黑暗。吴稼祥认为这是一个自然、必然的宿命，因为"超大规模国家"在这种情况下很难从自身产生出一个内在演变的动力结构，很难凭自我力量找到一个焕发生命力的途径，也就是说这个危机的根本在于无路可走。

这样，《公天下》岂不是悲观主义了？不然。虽然就中国自身的视角来看，它超不出反噬自己的太极图，但若置入一个更为宏大的世界历史的视野，吴稼祥自信他的吴氏理论可以排除中国超大规模的逻辑悖论。其实，我们看到,《公天下》这部著作的开篇,以及结局,已经展示了这个世界政治之道的图景,他所讨论的中国四千年政治制度,说穿了不过是人类政治的一个局部,四千年的悖论在于其自我封闭,没有与西方乃至世界历史建立起一种休戚与共的关系。当然,这怨不得古人,我们的先人没有这样的物质条件,吴氏的立论也正在于此,即中国历史注定是保持不住的,因为世界文明、世界历史、整个人类都要融入一体,构成更大的超大规模的共同体,当今的信息社会,使得未来的超大共同体成为可能。这就意味着,中国政治文明自身解决不了的难题,可以在融入世界的历史潮流之中得到解决,中国这样一个"超大规模国家"的治理结构,其内在逻辑在融入世界历史的过程中,将会发生根本性的结构变化。而这就回到吴稼祥这本书的正标题"公天下"以及副标题"多中心治理和双主体法权"这样一个人间的政治秩序。

天下为公、大同世界,这是中国数千年的政治图景,经史子集对此多有盛赞。但是,谁都知道,那不过是个理想世界,何曾真实地存在过?吴稼祥的《公天下》也没有为我们描绘出多少古典大同世界的真章,还不是从虚拟化的想象的"公天下",到了三代之治,尤其是周代,华夏大地便成了一家一姓的"家天下"。不过，这个古典美好的家天下，还有一种任人唯贤的禅让制度。但到了秦汉，则是强横的基于暴力的家天下，不过披了一个神龙的外衣，有了奉天承运的招牌。从"家天下"到"龙天下"，真正的"公天下"何曾一日之有？

吴稼祥剖析四千年中国政治制度之机枢，取名为"公天下"，我认为名不副实。中国从来就没有过公天下，吴稼祥手中这把锋利的解剖刀，所剖析的这个四千年专制、单一的权力中心主义，根本就不是公天下，这一点他心知肚明，取名"公天下"岂不是反讽吗？确实如此，吴稼祥认为存在着一个公天下，但那不是古典中国，而是隐含在它的副标题之中，即一个"多中心治理和双主体法权"的超大规模国家，那才是公天下。但这个公天下只有融入于西方文明乃至世界文明的政治历史和制度结构之中，才可能存在。因此，"公天下"只是一个幌子或路标，其下头或所指的那个基于多中心治理的国家主权和公民主权同为主体的政治共同体，才是真正的天下为公、大同世界和文明之道。但那是未来的事呢。

三、两个重要的理论短板

虚实相对、黑白相配，宛若一个扭曲的太极图，吴稼祥在公天下的幌子下，为我们演绎了一幕幕家天下的权力盛宴，看得我等醍醐灌顶，如梦方觉。不过，掩卷思之，我仍感到吴氏此著有诸多缺憾或理论不足，下面我仅列举两个大的短板，稍加指陈。

第一，吴氏剖析中国四千年政制，到明末即戛然而止，在我看来，没有考察清朝历史，尤其是晚清政制，是吴氏理论的一大短板。为什么这么说呢？因为，清朝三百年历史，不能仅仅用异族乱中国、专制更猖獗来加以概括。固然，从权力运行的政治逻辑来看，清延续了明，没有多少新东西。但明之历史，并不是中国古代历史之终结。就现实形态来看，明并没有真正实现与西方文明之交接。在我看来，即便不说清朝有康乾盛世，此后有古今之变，还有民国的黄金十年，就是从超大规模的国家建构来说，清朝之于中国也是利弊参半，甚至利大于弊，延续至今的偌大的国土地域，五族共聚直至五族共和的人民，这样一个中华文明的政治共同体是在清朝手中制度性地完成的。有了清朝三百年，才有可能建立起吴氏眼里未来的超大规模的多中心治理和双主体主权的现代国家。

由于忽视了清朝三百年在中国四千年政治历史的地位，吴氏理论自然就没有看到晚清立宪与民国肇始的重大制度转型的政治学意义。《公天下》没有涉及从晚清到民国的这段历史以及隐含其中的中国社会的制度变革，这是一个三千年未有之变局，是古今之变和中西之变。吴氏理论始于世界视野，而中国故事的真正步入世界史，走出中国死结的真正枢纽，不是从理论上的多中心治理和双主体主权开始的，而是从鸦片战争、甲午战争开始的，是从洋务运动和戊戌变法开始的，是从晚清立宪、民国建制开始的。只有现实地步入这段历史，剖析其中的政治逻辑，大开大合，援西入中，才会开辟出所谓的"公天下"，即该书的副标题"多中心治理和双主体法权"。遗憾的是，如此会讲故事的吴稼祥，并没有把这个中国的故事讲得圆满，只是讲了前半段，后半段没讲，固然它时间不长，但逻辑更为攸关，更为贴近它的主题——"公天下"，这不能不说是一个短板。

第二个短板，在我看来，便是吴氏理论的野路子，或者说，他对于所谓的"多中心治理和双主体法权"在理论层面的分析论述上，显得较为肤浅和单薄。作者擅长的是使用锋利的小刀，淋漓尽致地剖析中国政治这个庞然大物，但他的故事一旦进入理论叙事，尤其是进入政治学、宪法学的繁复体系，单凭尖锐和锋利，则是远远不够的。在我看来，他的公天下的逻辑支撑，所谓的"多中心治理和双主体主权"，仅仅提供了一层干瘪的概念，在理论和实践两个方面，都显示出明显的理论知识之不足。

其一，缺乏对于西方经典政治学，尤其是对于西方近代以来基于民族国家以及国际政治秩序方面的经典政治学、宪法学和历史学著作的深度和体系性的理论认识。例如，多中心治理，其多个中心的地缘关系、权力关系、法律关系等等，就不是一个矩阵或太极图能够涵括的；再如，主权与国家创制的关系，人民的出场与退场，个体公民与利维坦的宪法关系，不同民族国家的革命创制与宪法之守护，自由、正义与法治的关系，双主体的复合关系，以及日常时期与非常时刻的纠结，决断与议事的机制成因等等，这些政治学、宪法学、政体论的多重理论逻辑，显然不是一个单面的图像就能解决了的。作者似乎也意识到这一点，

49

所以，作为姊妹篇，他要写一部政治哲学，至少，《公天下》没有解决这些问题。

其二，还是要回到晚清以降的百年中国。这里暂且不说西方，尤其是美国这样一个超大规模国家，是如何从罗马政制、英国宪政以及两次世界大战中发育出来，并且创造性地完成了欧洲大陆政治历史的整合，从而构建出一个公天下的美利坚合众国。就现实形态的实践来看，中国不是从宋明，而是从晚清开始步入公天下的政治制度之历程的。这一多少有些失败的建制过程，本该是吴氏理论的一个中心，要解说公天下，至少要为四千年的家天下留下一个出口，从这里才能开辟出多中心治理和双主体主权的康庄大道。但是，就制度分析来看，吴稼祥并没有处理这个现实的曲折失败的历史进程，没有解剖美国的超大规模与中国的超大规模，它们作为两种政治共同体，是如何开始交汇的，其关系中的得与失，以及未来的制度上的展望。相反，吴稼祥的解析仅仅停留在几个单薄的概念和观念层面上。可以说，如果没有政治制度上的法权分析与构建，是铸造不出公天下的。

应该看到，今日的西方世界，已经逐渐一体化了，无论是美国或欧盟，甚至它们的叠合为一，已经是一个更大的"超大规模"共同体。那么，中国这个超大规模国家，究竟如何与另外的一个"超大规模"共同体，乃至与世界，与世界历史，打交道呢？这里的多中心治理，以及双主体法权，将会演变为何种制度形态？这些就不仅仅涉及法权关系，而且涉及文明关系。这些都是未来的"公天下"之应有之题、本来之义。所以，吴氏理论远没有完呢，我们还需要看下回分解。

最后，不嫌累赘，我还要说说吴稼祥的语言，一种独具的吴氏风格。关于这部《公天下》如何得以畅销，作者是颇费周章的。记得尚未杀青，他就与我多次聊过，我当然领教过他的语言风格，建议他弄两个版本，一个是大众的阅读版，一个是精致的学术版。时下的这部《公天下》，实际上是两个版本的合成，正文是大众版，加文献注释的是学术版。吴氏风格，说的是大众版，一句话来概括，就是简洁和锋利。吴稼祥是政论高手，这部书里每篇都不长，短短几千字，但都蕴含一个精致的结构，信息虽然非常大，但又清晰和尖锐。非常要命的东西他一下就给拿住了，其他该省略的就都省略了，纲举目张，一目了然。梁启超的檄文有一股力道，但那是气势；吴稼祥的也有一种力道，但不是势，而是理之力——那种锋利的解剖刀击中要害的凌厉之力。

吴稼祥追求的是这样一种阅读感：阅读之后，你会感觉一下子看懂了、理解了、清楚了，他帮你一下子把这个问题打通了。剖析之锋利令你感到震撼。经过这番阅读，掩卷想想，你会马上纾解，原来这些问题并不需要太费周章，作者这么一点拨，不就是完全晓得了吗？不过，如果再次阅读，或屡屡阅读，你的感觉会逐渐发生变化，原来在简洁语言的背后，有着一个如此复杂和庞大的结构，深藏着如此博大而精深的内容。他的著作一下子就能读懂，但懂了之后，你会越来越感到不懂。读别人的书是使读者从不懂到懂，但吴氏语言的魅力，却是使人从懂到不懂。不信，你试试。我可是领教了。

（原刊于《经济观察报》，2013 年 2 月 6 日）

漫谈秋风的《国史纲目》

秋风（本名姚中秋）的这本书我在去年就认真读过，对秋风的思想我也不陌生。记得当时读这本书时，我是感到非常震撼和刺激的。为什么呢？我觉得这本书无论是从史学方法论，还是从历史正义的立论与叙事，乃至作者的雄心，都展示了秋风所代表的或者接续的这一脉中国当今政治儒学的历史观和赓续传统中国文明的正义论，以及他们对于未来世界格局中的主体性自我期许和定位，贯穿着一套比较自觉与明确的价值指向。

这样的一部《国史纲目》为什么给我带来了某种刺激呢？因为站在我所服膺的自由主义的思想立场来看，这些年来，我一直就有某种感慨或隐痛，即中国的自由主义理论，包括社会理论、经济理论、政治理论、法治理论等，大多只是停留在一种对于基本观念的常识普及和价值启蒙，以及对体制的某种批判上。当然，这些工作和诉求都很正确，现时代的中国社会亟须这些真知灼见和理论批判，从事这些思想理论上的工作，没有什么错，可谓厥功甚伟。但是，我要说的是另外一个方面，即中国近百年的自由主义一直缺乏厚重的、纵深的历史性的探索，用我的话来说，就是缺乏一种基于历史主义或者历史正义的从中国文明自身传统中发育成长出来的属于中国自由主义的理论叙事、理论话语和理论思想。也就是说，中国的自由主义还没有形成一套自己的历史观、国族观和政治观。我认为，缺乏这样一个基于政治共同体的历史发育中形成的历史观，就很难使得自由主义在中国，乃至在整个世界格局中，找到自己恰当的地位，并树立自己的阶段论和线路图。到目前为止，中国的自由主义如果说有历史观的话，那也基本上是批判主义的，与左派的历史观共享一个关于传统中国的批判性认知。后者认为传统中国是封建专制社会，中国革命就是要推翻三座大山，建立一个社会主义（共产主义）的新中国；而主流的自由主义也是认为传统中国社会是专制社会，理想社会是一个与传统中国迥异的自由民主的新社会。由此可见，两种思想理论，在对中国历史传统的认识上却有着惊人的相似性。我一直认为，这种认知表现了中国自由主义思想理论的政治不成熟。

相比之下，我们看到在西方的政治思想中，无论左右各派，即便是自由主义大谱系内部诸派，均有强大的历史主义理论传统，或秉有各自的纵深一脉的历史观，无论是英美的，还是法德的。我在不久前撰写的长文《文明何以立国？》中指出，即便是美国，开国历史虽不悠久，但它也有自己的"通三统"。也就是说，美国的政治叙事大致说来也秉有三个大的历史文明传统，即来自于英格兰《大宪章》的自由传统，古代罗马共和国的宪制传统，以及中世纪以降的基督教新教传统，美国的政治历史可谓三个传统的熔炉之冶炼以及文明演进之证成。我觉得"通三统"是个好词，但被"新左派"搞偏了，像美国这样一个历史不足三百年的现代国家，其思想理论和政治实践的过程，不啻文明演进的最好佐证。至于欧洲与北美各国，其历史主义的发生与文明演进，必有其内在的生命力。所以，反观中国的自由主义，一直或缺文明演进的历史观，这不能不说是一个短板，早年胡适一脉的自由主义，我们暂且不说，仅就改革开放以来，我感觉这个历史观依然是匮乏的。为什么秋风的《国史纲目》给了我很大的刺激？这里暂且不管秋风的观点对错与否，但他至少拿出了一套基于儒家义理的中国历史观。我要问的是，中国的自由主义有一套基于文明演进的历史观吗？有一个自由主义版本的《国史纲目》吗？

我一直认为，自由主义与政治儒学，以及儒家文化，相互之间并没有非此即彼的对立性或敌友性，秋风就是从自由主义转向新儒家的，如果没有相通的地方，这个变身就有点匪夷所思了。对文明演进的认识，对传统社会的同情理解，对人性尊严和价值的认同，对正义规则以及社会公益的倡导，对一个优良政体的体察，对仁义礼智信和温良恭俭让的认识，对专制暴政的反对与抵制等等，自由主义与儒家正统是有很多共享的思想理论资源的。尤其是对于偏保守一点的自由主义来说，其经验主义和文明演进的主张，与儒家思想若合符节。所以，我对秋风先生的事业是支持的，他的很多观点我都认同，就我个人来说，自己的思想理论也兼容了很多儒家的义理。甚至，我觉得没有必要非说哪些是儒家的，哪些是自由主义的。因为，它们本身就是共享的知识和价值，来自人们基本的常识与经验，来自天地人心，甚至左派所强调主张的诸如公平正义之类的诉求，也是为社会所共享的。我觉得在政治与文明等一些核心问题上，至少自由派与新儒家没有这么大的敌对性。不过，没有敌对性，是不是自由主义和新儒家就可以一锅煮呢？我觉得也不是，两者之间也还是存在着一些重大的理论分野。下面，我就结合秋风的这本《国史纲目》，粗略地谈一下自己的几点看法。

第一，这本书的突出贡献在于它的独创性，即秋风通过叙述、体验和挖掘，富有创建地开发出一套中国传统文明如何转向现代秩序的政治之道。在这个历史文明的转型问题上，我对当下一些极端的无论是"新左派"还是自由派的某些看法是不太赞同的。也就是说，无论中国政制是何种形态，都不是从零开始的，我们不能否认我们的历史，把它们视为一堆历史垃圾。我们这个文明共同体，数千年演变至今，之所以存在，之所以在这片土地上繁衍赓续，而且某种意义上还创造了诸多辉煌的典章文物，其物质文明和精神文明，必然有其符合天道人伦之处，必然有其历史正义的价值。故而，我们不能完全用批判主义的观点，与其划界分割，互为畛域，对历史传统采取虚无主义的看法。暂且不说《国史纲目》采用的是儒家的历史叙事，还是中国的历史叙事，我觉得秋风在此书中梳理出了一个较为纯正的中国政治文明的演进之道，这一点我是认同的，也是击节称赞的。我觉得自由主义应该有雅量，不要一上来就排斥儒家义理，我们应该对传统敞开，这里不是对秋风敞开，而是对传统历史文明敞开。自由主义的价值，诸如个人尊严、权利、法治、民主、宪政、市场经济等等，应该在中国历史中找到生根发芽的生命载体，也许只是萌芽阶段，还没有发展到像西方成熟社会那么丰硕，但毕竟是有种子的，会演进、收获的，这是一个生长过程。我们承认，在中国历史中可能会缓慢一些，因为我们人口众多、地域广阔，所谓超大规模，但文明秩序终究是一种扩展的秩序。我觉得自由主义应该有这个雅量或者自信，要不然就没有生命力了。所以，秋风这本书的价值，就是一个很好的范式，佐证了基于儒家的政治文明是可以获得普遍性的发生扩展的，是有生命力的，是与人类的普世价值相接榫的。

与此相关，我们看到，《国史纲目》的结构和方法打破了传统中国史著作的一般体裁和写法，它既不是一些组织汇编的典章制度史，也非泛泛勾勒的观念思想史，而是经史兼备、以经贯史，其中有一个中国史的结构，但融贯其中的却是儒家的经义新说。用当今的学术语言来说，就是制度史与思想史的融会贯通。这种构制与运思，在时下的国史类著述中却是少见的，在传统国学的典籍中也是不多见的，即便是钱穆先生的《国史大纲》，也只是史的写法，而非经的写法。至于经的写法，往往在历史的解释上多有附会，能做到经史兼备，可谓鲜矣。像高超群刚才所指出的：江晖的《现代中国思想的兴起》，就既无史又无经，是一种另类的写法；金观涛的著述，偏重于知识学的梳理，其制度史和思想史的考察，尚没有贯穿到中国历史的文脉之中；吴稼祥的《公天下》长于制度分析，很有洞见，但路子较野。相比之下，我觉得秋风的这本《国史纲目》，既不同于朱子的解经学，也不同于钱穆的新史学，而是追求经史兼备，刚柔互济。作为一个现代学者，能够写出如此风范的书，是有难度的。有创造性，这是他的一个贡献。

第二，说到经史兼备，《国史纲目》洋洋六卷，其谋篇布局还是颇为匠心独具的。比如开篇的封建制，虽然学界已经不再把秦汉制度比附于西方社会的封建制，但是，究竟中国的封建制是如何的，包括哪些具体内容，其作为一套制度体系，从政制、文化，到土地、官吏又是如何。我们研究夏商周的时候，虽然对于井田制、分封制、爵制、官制、礼制等等，有众多历史学的研究，但政治学的体系性分析，还是不多的。我这里所说的政治学，主要是指政体论、制度结构研究，以及背后的政治正义论，而不是一条一条的历史文献的梳理分析。秋风对于中国封建制的分析大致为我们提出了一个政治学视野下的梗概和要义。

再比如卷三和卷四所处理的中国社会的大转型，这个历史分期的定位也是秋风此书的一个创见。以往的史家大多视秦汉为一体，汉承秦制，虽有小改，但郡县制与中央集权，延续至今，千年未变。秋风独辟异说，在《国史纲目》中将秦制单列、汉晋一体，把短短几十年的秦制之兴衰视为中国社会的大转型，这个看法无疑需要极大的胆魄与史识，单凭这点就足以令人佩服了。大凡中国史叙事，一般来说都是秦汉一体，两晋忽略，然后唐宋，尤其是两宋体制，近来屡受褒扬，秋风接续余英时，又推君臣共治，其想当然的儒家宪政主义，我就不多说了。最后是他的卷六——现代篇，有扛鼎人物，有制度转型，还有思想发凡，也是经史结合，娓娓道来，新意迭出。对于秋风《国史纲目》中的治理秩序与儒家宪政之钩沉探微，甚至可以发扬光大。我虽然未必赞同，但觉得这样一种复兴国史精神的旨趣，乃至雄心，要比那些掉书袋的学究和意识形态的鼓吹者，更显示出一位儒者心系天下的情怀。

说了一番表扬的话之后，我站在自己的立场上，对于秋风的《国史纲目》及其历史观，仍然要提出几点质疑。我虽然与儒家有亲和性，某种程度上也属于半个儒家，对中国历史也有基于儒家史观的同情性的理解，但仍然还是有不同的看法，有几个重要问题需要辩驳。

第一，中国历史有其两面性。从我的立场或者对历史的观察来说，秋风的《国史纲目》只是揭示了一个层面，即揭示了中国政治文明中富有生命力的好的一面。但是，他没有意识到，或者他不愿意看到，中国的历史政治还有非常之糟糕的专制与暴虐本性。所以，我觉得秋风此书采用的是减法原则，把中国政治历史中的很多制度弊端以及邪恶本性遮蔽掉了。检点中国历史，诸如皇权专制、官制腐败、法治不昌、草菅人命等等，触目惊心，俯拾皆是。而这一切，秋风的《国史纲目》全都没有提及，他只说好的，不说坏的，这不是一个从容治史的态度。例如，书中把秦制视为中国政制之邪恶的根源，但却简单地通过一个短暂的大转型就把中国政治史上这个了不得的大事件腾挪掉了，此后新儒家们关于汉宋君臣共治之滔滔不绝的言辞，给人以这样的假象：似乎中国的古典政制就真地进入了儒家宪政之格局。其实谁都知道，这不过是儒家的义理、三代的理想。

秋风的问题在于，以虚为实，或化虚为实，在《国史纲目》中真的描绘与勾勒了这样一个历史景观，企图把三千年大一统的皇权专制的制度结构以及诸种恶劣行径一笔勾销，这多少有些显得过于轻巧，甚至不负责任。我们固然不赞同把中国历史政治说成一片黑暗，但它也绝不是一朵灿烂的花，尤其是在经历了晚清以降的百年中西古今之碰撞与挫败之后，回过头来重新审视中国历史，就更不能一味礼赞三代、处乱不惊了。我一直认为，新儒家应该秉有更大的勇气与智慧，把中国历史政治的制度痼疾揭示出来，推陈出新，这才是活的正统。遗憾的是，《国史纲目》在这方面做得并不好，仅仅旨在美化历史，这是我的第一个质疑。

第二，我刚才说经史兼备，这是我的褒扬，秋风是这样做了，但从更高的标准来看，这种结合并没有达到中庸之道的境界。《国史纲目》给人的感觉是史的部分偏少，经的部分偏多。既然是国史，当以史为中心才说得通。这个史当然不能是鸡零狗碎之史料汇编，而是贯穿着史识的洋洋之信史，但秋风却非如此，而是以经解史，六经注我。他的历史观不是源自历史的，而是源自经学的，这也恰好佐证了《国史纲目》的特色，秋风是带着解经学的偏见来解释历史的，这样才有他的三代理想之推崇和儒家宪政之高标，并以此裁量历史、划分时段、臧否人物、彰显道义，一部中国史纲变成了一曲中国儒家的宪政与治理之纲目的独唱。

更有甚者，秋风的《国史纲目》还超越古代，旨在当下。近观秋风近来的表述，我觉得有点陌生了。且不说美化时政，陈词过早，即便是就思想理论来看，如何在当今全球化的世界格局之下，担纲中国文明，发轫历史传统，为三千年之中国的文明主体性，寻找一个具有正当性的历史依据，这显然不是简单地复古华夷之辨，或改头换面的现代民族主义，或另外一种中国中心主义，就能解决的。当然，我们反对西方中心主义，百年中国历史所经受的苦难这里不复多言。问题在于，我们在悲情之下，更要防止中国思想走向另外一个极端激进的中心主义，即盲目自大的文明优越论和价值主体论。此外，再加上制度特色论，就很可能形成一股抗衡普世文明的大合唱，拒斥、批判、诋毁"被西方化"的制度价值和文明道义。在这一关键点上，我要对秋风提出，他的《国史纲目》隐含着某种过分膨胀的力量，致使在处理中国主体性与人类普世性的关系问题时，可能偏离正道。"世界历史的中国时刻"，这个议题很好，是我们共同商议推举出来的，但我与秋风的理解是有所不同的。我并不认为，中国时刻是与世界历史以及普世价值相背离的，而是共同塑造、相互包容。

提倡保守主义，主张自由思想的保守化，这也是我的观点。在最近的几篇文章中，我们一直都在为中国社会变革中的一些积极因素鼓掌和加油。但是，问题在于我们是否意识到，现代中国史的这一页究竟怎么翻呢。《国史纲目》通篇是制度史和政治史，它是否会触及，当一个政治社会糟糕不堪的时候，人民的正当的抵抗权？所以，虽然我们服膺保守主义，但应该是自由主义的保守主义，是洛克、休谟意义上的政治正义论。在这个意义上，我觉得中国的自由主义与新儒家是相通的，只是在如何看待自由秩序与文明特质的关系方面有所不同。因此，在中国历史的变革时代，在促进中国历史政治的文明演进上，儒家和自由主义应该携起手来，面对共同的变革问题，克服共同的制度阻碍，反对共同的激进主义。至于走出历史三峡之后的交汇与论争，则是另外一个故事了。

总之，秋风的《国史纲目》写得可圈可点，对中国的自由主义无疑是一个强有力的刺激。我希望在不久的将来，能够有人写出一部中国自由主义版本的《国史纲目》来，并与新儒家的版本相互对勘，以飨读者。

（原刊于凤凰读书《读药》，2014 年 6 月 17 日）

说不尽的休谟

文学史上有句老话，叫"说不尽的莎士比亚"。其实，在西方思想史中，休谟也是说不尽的。休谟这个人物很重要，在西方思想史中具有举足轻重的地位。众所周知，古典思想家的很多观点经常被不同时代的学者或者理论家们不断咀嚼并重新阐释，他们提出的一些永恒性的问题在不同时代总会给人深刻的触动。尽管也许之后的思想家们在进行思考时所得出的答案与原创者的本意已经有所差别，但这条路径却是前人开辟的。休谟就是这样一位思想家。

关于休谟，美国保守主义思想家吉尔克（R. Kirk）做过这样的论断："如果要寻找 18 世纪西方精神的化身，休谟就是最好的代表。"对此，我深表赞同。我认为休谟的哲学集中体现了 18 世纪的保守主义、自由主义与古典主义三种因素的交集融汇。休谟身上集中体现了 18 世纪苏格兰人在社会转型时期对于市民社会的钟情。休谟承认人的自私，预设政府为恶，但又强调德性，主张法治秩序和自由经济。从主流英美社会的视角来看，他不啻为 18 世纪的精神化身，代表西方 18 世纪的精神气质。

休谟提出的几个重要的理论命题，尤其是事实与价值、实然与应然的区分这个命题，在哲学思想领域具有革命性的意义。这个命题是说，一个东西的因果性事实是这样的，并不等于它应该就是这样的，这个"应该"具有价值层面的意义。自然事物的因果联系没有什么价值，比如天冷、下雨等物理上的事实联系都是实然的东西，可以通过自然科学把它们内在的原理揭示出来。但是，应然的事情只有人类社会才有，这里面蕴含着人类社会的价值因素。那么应然的机制到底是什么，为什么会如此呢？休谟似乎认为，牛顿提出的自然力学解决了自然世界中的一系列事物的构造原理，关于自然世界的法则牛顿似乎已经做完了，自己不可能再做了，他要研究人类世界应然的东西。如果把人类世界的内在原理揭示出来了，那就是一个通达之人了！但是，应然世界的动因涉及人的内在情感，属于人性问题，是个比较难的研究课题。由于人的情感的发动，才有了外部世界，当人性转化为外部世界的时候，就出现了社会秩序，出现了经济生活，出现了政体结构，出现了人类历史。

要研究人性原理，休谟势必要成为一个综合性的思想家，按照今天的学科分类来说，休谟除了是哲学家和道德学家，还是法学家、政治经济学家、历史学家和美学家。历史是怎么演变的，不单纯是一个实然的东西，而是有很多的机运在里面，有很多人的主动因素在里面。休谟是一个温和的怀疑主义者，他觉得应该探讨人类社会的主动因素，但又不赞成当时占据主导地位的唯理主义的决定论。他认为，人的认识能力是有限度的，对于是否存在着绝对必然性的东西这类问题，人类是认识不了的，人只能在有限的知识范围之内来理解和把握道德世界。他所谓的道德世界就是精神世界，在18世纪的西方思想界，"道德的"（moral）这个词是一个语义非常丰富的词语，不是我们现在一般伦理学所说的那种狭隘的人与人之间的道德关系，它关涉着一个不同于自然世界的广泛的人类社会领域。道德世界的奥秘在于人性，休谟的核心思想体现在他的主要著作《人性论》之中，后来他又把《人性论》简化为两本书，即《人类理解研究》和《道德原则研究》。此外，休谟一生配合他的体系性思想，还撰写了六卷《英国史》，以及一系列关于政治、经济、文艺等方面的文章。

关于休谟的文章，此前国内有多种不同的版本出版，商务印书馆曾经有《休谟经济论文选》（陈玮译，1984）、《休谟政治论文选》（张若衡译，1993）两个版本的小册子。另外，休谟的论文还包括道德哲学的内容，这些小品文的译本也非常多，比较全面的是《休谟散文集》（肖聿译，中国社会科学出版社，2006）。说起来，这些译稿对于我们了解休谟的思想多有助益。但是，仅凭这些简约的译稿是远远不够的。休谟的小品文自 1741 年就开始出版，1752 年《政治论文集》（*Political Discourses*）出版。这本书在其生前就已经出版了十余个版本。在这些版本中，休谟也会经常做些改动，因而每个版本的注释也会多少不同。休谟去世之后，1777 年曾有《杂文与论文若干》［*Essays and Treatises on Several Subjects*, London，两卷本，1985，米勒（Eugene E. Miller）］根据这个两卷本的第一卷编辑成《论道德、政治、文学》（*Essays, Moral, Political and Literary*）。同时，休谟哲学选集的编辑也将这些小品文收录在册，1996 年 Thommes 重印了 1854 年的《休谟哲学选集》四卷本，政治经济论文和道德哲学论文分散在三、四两卷。同时，随着休谟研究的推进，注释版的休谟文集也出现了，1994年剑桥大学出版社出版了哈孔森（Knud Haakonssen）编辑的《政治文选》（*Political Essays*），以休谟《英国史》的大量论据注解这些论文。现在张正萍博士和马万利博士综合这些版本将休谟政治经济和道德哲学的论文全部翻译出来，并根据1985年米勒注释版、1994年哈孔森注释版、1996年哲学选集注释版等不同版本，择其所要做了不同注释，对于国内的休谟思想乃至苏格兰启蒙思想的传播和研究，无疑是一个很大的贡献。作为此文选译事的牵头者，我深感欣慰。

虽说休谟是说不尽的，但我利用此机会，还是想就休谟的政治、经济和文明思想陈述一二。

一、休谟的人性哲学

我在《休谟的政治哲学》一书中曾经对于休谟的政治和法律思想做过一个系统性的研究，在书中我完全赞同休谟的一个基本观点，即任何一种社会制度或者理论体系的产生都有一个人性基础。我们现在时常谈到的社会理论或者自由主义，基本上都属于一种薄的理论，或薄的自由主义，所谓薄的自由主义就是以罗尔斯、哈耶克为代表的，不去探讨那些形而上学问题，不去探讨多元价值背后的深层人性问题，而只是就社会公共政治层面上的一些程序形式以及价值问题进行讨论。关于人性的基础性的东西，是在他们理论的视野之外的，现代的自由主义基本上都是薄的自由主义。但是，这种薄的自由主义受到了一些理论思潮特别是社群主义的批判。社群主义认为，这种薄的自由主义只是构建了一个法律制度，一个社会基本的秩序，它的立足点在于价值中立，它强调的是一种形式正义、程序正义，不去过多涉及深层的人性论价值层面的问题。这种中立性的、与价值无涉的自由主义在现代西方社会导致的结果是个人的极端自私自利，个人之间、个人与社会群体之间的原子化分离，个人的纵欲，个人权利的泛滥。这种自由主义对社会、群体甚至对国家的忽视，产生了诸多的弊端，社群主义更多是从这个角度来批判现代的薄的自由主义。我认为，这种价值中立的自由主义只是现代的自由主义，实际上自由主义在古典时期，特别是在休谟、斯密他们所代表的苏格兰启蒙时期的自由主义那里，是有很多宝贵的理论资源的，他们非常强调德性论，强调道德、同情、友爱、仁慈这些东西，这些东西恰恰是被现代自由主义所忽视的。现代自由主义要应对社群主义的攻击，就有必要重温古典自由主义的这些传统，不要极端个人权利至上论，而要讲究德性问题，讲究社群关系，讲究仁、义、礼、智、信，这些与自由主义的个人原则是不矛盾的。

当然，从根本性上说，我并不赞同社群主义，休谟显然也不是一个社群主义者，这一点麦金太尔看得很清楚，所以他在多部著作中都对休谟提出了严厉的批判。麦金太尔有一个著名的观点，他认为，以斯密、休谟为代表的苏格兰启蒙思想是一种对于苏格兰德性传统的"英国化的颠覆"，这批启蒙思想家通过把当时苏格兰旧传统中保持甚好的道德礼俗纳入到已经发达的英格兰市民社会的体制内，从而颠覆了苏格兰本土资源中的优良传统。麦金太尔认为这是休谟等人的一个重大错误，是对苏格兰的背叛。在麦金太尔看来，苏格兰本土资源中的道德传统实际上接续的是亚里士多德的道德学说，甚至和欧洲中世纪的道德思想也有联系，这样一条脉络被休谟和斯密打断了，作为社群主义的代表，他认为应该重新恢复亚里士多德的德性传统，把休谟在苏格兰颠覆过去的东西再颠覆过来。

我认为麦金太尔看到了问题的症结，但是他对这个问题的立场是错误的。社群主义所鼓吹的亚里士多德的德性传统有一个前提，即古希腊的城邦国家是一个奴隶制社会。那时城邦里有公民资格的人才是讲美德的，相互之间才是互助友爱的，但是他们只是公民，不是市民，不是生产者，整个希腊社会之所以是一个美好的古典社会，在于从事生产的全是奴隶，奴隶把物质生产的问题解决了。而讲德性的城邦公民作为战士，他们追求荣誉，从事国家赋予的战斗职责，战斗胜利了以后分取掠夺来的财产和奴隶，他们自己不从事劳动，但他们的物质生活是有保障的，生产劳动是奴隶的事情，公民除了城邦贸易、战争掠夺，就是积极参与公共生活。这时公民的德性当然是很好的，因为他们要从事战争，如果战败了，整个国家的公民就全部变成奴隶了。所以，我们读古代著作的时候发现，那些公民非常爱国，非常英勇，因为国家一旦战败了他们就都是奴隶了，这个时候，德性传统是存在的。但是近代以来社会转型之后，一个社会秩序赖以建立的基本前提就是需要有人从事生产，从事财富的创造，要有人首先成为商人、成为劳动者，其次才是国家的公民。如果还是遵循过去古代的传统，社会成员只是承担城邦式的既是公民又是战士的职责，那么生产谁来做？一个没有了奴隶制的现代社会，如何解决社会物质生成的政治属性呢？我们看到休谟、斯密最大的贡献在于重建了一个市民社会的美德，在市民社会里面人们首先是市民，必须从事生产。作为一个商人或者工匠，首先要赚钱，首先要追求私利、制造产品，使产品进入交换、流通，这个过程完成了之后，才能成为政治公民，才能成为家庭成员，这时候才讲究国家的义务，才有美德。也就是说，社会转型到近现代之后，社会结构已经发生了本质性的变化，一个社会乃至一个国家最基本的问题是如何存在下去，如何使得个人幸福、社会繁荣、国家强大，如何为上述事业构建一个正义的秩序，只有在市民社会的社会财富创造的前提之下，才谈得上美德问题。自由主义不是说不要美德，而是说这个美德要在怎样的前提下建立。遮蔽这个问题，社群主义就是在唱高调。唱高调当然很好，但问题在于德性如何能够有现实的存在。

我之所以把斯密和休谟放在一起来研究，是因为他们虽然有些地方存在区别，但基本思想和观点还是一致的。

74

现代自由主义只讲从事生产的方面，即市场经济以及相关的政治法律制度，不讲美德。但是 18 世纪的古典自由主义就非常高明，理论上也十分深刻，他们既讲市民社会的生产、交换，同时还讲道德情操，讲国家政治。斯密除了写了《国富论》，还写了《道德情操论》，休谟《人性论》中也大谈人的有限的同情，讲人们之间要仁慈友爱。如何在一个市民社会建立德性原则？社群主义的只唱高调是不行的，在一个现代工商社会形态之下如何建立或恢复德性传统，与此相关联的问题是，正义与德性哪一个更高？这个问题在古典时代一直是争论不清的。因为德性涉及的是一个人心性修养的卓越问题，而正义涉及的是人与人之间关系的制度正当性问题。正义落实的根本处是一个社会的法律正义和政治正义，德性最终落实的则是一个人自己的心性情感的归宿问题。在这种情况下，哪一个更重要呢？古代传统思想大多认为德性比较重要，但是这两者最终被亚里士多德统一起来了，他认为目的论最后通过正义达到自善并用目的论解决了这个问题。近现代以来，德性与正义到底哪一个更重要，这个问题又屡屡出现，社群主义和自由主义对此存在着尖锐的对立，我比较赞成休谟的观点——正义优先于德性。但是我们也不能忽略了德性，现代的自由主义有一个最大的不足，就是严重忽略了德性传统，过于强调个人的自由权利，过于主张方法论的个人主义，个人成为一个赤裸裸的原子，与个人密不可分的家庭、社会、社群、国家等内容被大大低估了。也就是说，现代自由主义缺少了德性学说，而这些方面恰恰是能够从休谟、斯密的古典自由主义思想中大力学习和继承的。但是，像社群主义那样光有德性也是不行的，如果没有一个正义制度的基础，人与人之间只是靠血缘、亲情、友爱为纽带，这样的社会只能是一个封闭性的小社会，是无法扩展成为一个大社会的，是无法建立起现代社会的政治、经济和国际秩序的。应该指出，就世界范围内，从历史进程来看，现代社会作为哈耶克所谓的大社会，它的发育、形成与政治、经济、法律、文化等方面的全方位扩展是一个不争的事实，也是抗拒不了的。因此，对我们来说，不是拒斥，而是认识这个现代化进程，并且在它的前提下维护我们的传统，复活传统的德性美仪。

二、休谟的政治经济学

一说到政治经济学，大家首先会想到斯密，这很正常，但是我提醒读者不要忘了休谟。中国改革开放以来所引进的西方学术理论，经济学与法学一样，主要是现代学科分殊下的现代理论，但是我一直强调，我们现在处于一个转型时期，对应的是一个类似西方古典政治经济学框架下的历史时期。应该看到，现代经济学的各种理论，都是有前提的，这个前提就是现代的政治制度和法律制度。但我们现在还没有建立起一个成熟的制度，把那些东西拿过来以后，就会发现它们变形得非常厉害，所以制度环境是非常值得考虑的。我认为现代中国的经济学研究要注意两方面的问题，一方面是需要研究现代经济学，它们属于一些学科分类非常精细的微观或宏观经济学，其中不乏模型、图表、数据等，但是同时我们还要研究政治经济学，这就是社会经济秩序中的政治框架问题，属于宪法经济学问题，我们现在对这一问题的研究还相当不够。由于现实的诸多问题，最近学术界有一个政治经济学的回潮，但到底什么是政治经济学呢？这其实是要说清楚的。古典政治经济学在休谟、斯密，特别是斯密那里，已经达到了很高的水准。斯密在他的《国富论》中建立了一个政治经济学的体系，被视为政治经济学的发源地。但我认为国内对于苏格兰古典政治经济学的理解是有偏差的，从英国古典政治经济学衍生出了三条路径：第一条是从斯密到李嘉图再到马克思，这是一条大家熟悉的路径；第二条是古典政治经济学到现代的制度经济学，一直到布坎南所谓的宪法经济学；第三条是主观主义的通往边际效用学说的路径，这就与休谟有关了，从休谟的政治经济学到奥地利学派，这是一条主观主义的路径。休谟强调财富的个人感觉，个人的偏好，他指出私人财产权的产生机制是从想象力开始的，他的财产权的法学理论有一个内在的心理机制问题。所以，我们谈政治经济学不能仅仅知道马克思的政治经济学，尽管它确实是政治经济学的一种形态，但除此之外还有另外两条路径。说到中国现实问题，有人主张回到政治经济学，我比较赞同。但我们的视野要开阔一些，回到政治经济学并不仅仅意味着我们只有一条道路，我觉得18世纪英国的古典政治经济学，尤其是休谟和斯密所代表的苏格兰学派的政治经济学，可能对我们现在更有现实意义。

我认为在休谟、斯密他们的著作中实际上有两条线索，一条是写出来的显明的理论，另一条则是没有写出来的隐含的理论。众所周知，政治经济学从总的方面来说有两个基本问题：一个是国民财富的性质与原因，这是斯密《国富论》的书名直接指出的，其中，"看不见的手"的机制、劳动分工、生产、流通、交换、分配等，构成了斯密乃至休谟经济学的一条主线；另外一个是政治法学的建构，休谟和斯密都谈到立法家，谈到法律制度对于经济活动的决定性影响，所谓政治经济学之"政治"，其实质是一个国家的政治与法律制度，国民财富的产生所必须依据的政治和法律制度，这是斯密、休谟政治经济学隐含的另外一条主线。这条主线和前一条主线是贯穿在一起的，但这条主线却被很多经济学家忽视了，他们只是谈国民财富的产生、发生的机制，而没有注意到这种机制必须建立在与之配套的一个法律制度和政治制度之上。例如财产权问题就不仅仅是一个经济学问题，更是一个法律问题，甚至涉及政府的体制问题。我曾多次指出，我们不能因为斯密的古典政治经济学只是论述了一个小政府，就认为他忽视了国家问题，国家问题是英美思想家们隐秘的主线，例如斯密《国富论》的下卷，殖民地问题就是一个国家问题。当然这个"国家"是放在国际社会的体系中来考察的，在当时英国就是一个帝国，这和现在的情况不一样。国家问题不一定仅要放在国际体系中来讲，国内也有这个问题，它就是宪政制度下的国家问题。宪政国家与国外的丛林世界并不必然矛盾，帝国的形态也是变化的，大英帝国是近代的国家版本，当代美国的新帝国则是另外一个版本，对于这个国家问题，我们不能忽视。

三、休谟的财产权理论

关于财产权，在西方有三个路径或三种财产权的理论形态是比较重要的。第一个是洛克自然权利学说的财产权理论，第二个是黑格尔的自由意志论的财产权理论，这两个关于财产权的理论在西方是非常著名的。此外，第三个是休谟的法律规则论的财产权理论。应该指出，自然权利、自由意志、法律规则三者的含义是不同的，它们之间尽管有着密切的关系，都属于自由主义的理论谱系，但本质

上是有重大差别的。休谟的规则论的财产权理论在西方过
去也没有得到足够的重视，现代重视边际效应的经济学派
以及布坎南的宪法经济学，以及哈耶克有关财产权规则的
理论兴起之后，才开始引起人们的广泛关注。我在《休谟
的政治哲学》一书中集中用一章专门来讨论这个问题。规
则论的财产权理论与其他两种经典的财产权理论有什么不
同？为什么值得我们来研究呢？

　　首先我们来看洛克、黑格尔、休谟三种理论形态之间
的共同性。上述三种关于财产权的政治法律理论都属于近
现代市民阶级的理论诉求，这是它们最大的共同点。封建
制度解体之后，西方社会进入的现代社会或者现代性社会，
是既不同于古代城邦国家的一元化，也不同于中世纪神权
与政权二元分立的社会形态，它是一种新的市民阶级或资
本主义主导的社会形态。作为市民阶级的核心利益诉求，
财产权理论体现的是一种市民阶级对于财富占有的理论诉
求，或者说是把这种利益诉求转化为一种法权性的理论表
述，在表达市民阶级的正当合法的利益诉求方面，三种理
论是基本一致的。这三种理论不同于罗马法中的财产占有
理论，虽然从法学形式特征上可能有很多共同处，但是从

精神实质上来说，这三种理论体现的是市民阶级对于财产占有的一种正当性的法权诉求，与古代罗马人对于财产权的认识是大不相同的。与古代法权理论相比，近代社会的市民性质是上述三种财产权理论的共同点。此外，我认为还有一个共同性，即上述三种理论都没有把私人财产权简单地视为一个属于私法领域或者部门法中的产权规定，而是都把它上升到了政治法的高度，把它视为是现代社会的一个最核心的组织单元或细胞。也就是说，他们都认为构成一个现代社会的基石就是私人财产权，即私人对于财产的稳定占有以及这种占有的正当性证成，是构成现代社会的最核心的东西。假如没有这一基点，那么现代社会的经济秩序、政治秩序和生活秩序也就都无法建立起来。在这个意义上说，上述三种财产权理论，不论是权利论的、自由意志论的，还是规则论的，都已经超出了狭隘的民法中财产权范畴的划界，而具有了政治哲学的内涵。从大的方面来看，上述两点是近现代三种财产权理论的共同性特性。

那么，三种财产权理论有什么不同呢？洛克的财产权理论当然是最著名的，影响最为深远。首先，洛克认为人类对财产的占有是一种自然权利，人作为一个人天然地具有对财产加以占有的权利，这个权利是先在的，不可剥夺的；其次，他认为人类对财产权的占有是人通过劳动把自己的力量体现在对象物中，这个物就变成了所有物，体现了劳动的价值，这个基于劳动的财产权论证是洛克思想的核心。需要指出的是，洛克自然权利论的基于劳动的财产权理论与马克思的劳动价值学说是不同的。马克思的劳动价值学说抽象出了一个所谓的"劳动一般"，马克思把劳动变成一个实体性的东西，并且是从剩余劳动的角度对资本主义的法权理论给予了全面的批评。而洛克是一个经验主义哲学家，他并没有把劳动上升到一个实体性的"劳动一般"，更没有剩余劳动的概念。洛克认为劳动是一种没有办法且非常痛苦的事情，人只有付出了辛苦的劳动，才能够占有对象物。在他那里，劳动没有异化，也没有美学，是一项迫不得已的权利，它为人赢得法权上的保障，使人获得自由，但终究是件无奈的事情。

黑格尔的财产权理论是一种自由意志论的法权理论。他认为，人占有一个物品，占有的不是物品本身，而是把人的人格附属上去了。人占有的是自己的人格，而不是外在的物品。这个人格在黑格尔看来就是一个自由意志，物品作为自由意志的对象而为人所占有，人在占有中实现了自己的自由意志。私人财产权从本质上说是一种自由权，即人通过活动或劳作，占有或实现了人的自由。人只有在对财产的占有中才能获得自由，没有对财产的占有，也就没有人的自由。因此，私人财产权是人类社会中最基本的属于人的自由权。在黑格尔那里，市民社会也好，伦理国家也罢，都必须建立在个人自由的财产权的基础之上。笼统地看，黑格尔与洛克的思想有很大的相同性，但细看是有区别的。黑格尔的私人财产权理论，强调财产占有中的社会性。黑格尔认为，脱离社会的自然人是从来就没有的，也不存在什么自然权利，占有自然物是离不开社会基础的。私人财产权作为一种法权，只有一个社会中的人才能够获得，离开社会的自由人格是不存在的。脱离社会的所谓抽象的个人是不能占有物品的，即使占有了也是没有价值的，没有法权保障的，与动物的占有没有什么两样。所以，财产权的建立需要先有一个政治社会、政治国家的支持，作为市民社会的财产权脱离不了法权的伦理性质，看来，财产权在黑格尔的理论中体现的是一种市民社会与政治国家的辩证法。

下面我们看休谟的私人财产权理论。首先，休谟是反对洛克的自然权利论和政府契约论的。他认为，人对财产物的占有是需要依附于社会的，他与黑格尔一样不同意洛克的个人占有理论，也反对通过社会契约来构成一个政治社会或者一个政府。在私有财产权问题上，休谟强调指出人的财产关系脱离不了传统，脱离不了社会、家庭的联系，只有在这个社会性的过程中人对物的占有才具有实质性的意义，这是他与黑格尔相同而与洛克不同的地方。其次，休谟与洛克和黑格尔两人的不同之处在于，他认为，财产占有的正当性不是通过所谓的劳动获得的，占有关系也没有体现什么自由的人格。在他看来，占有只是一种法律的界定形式，是一种权界的划分规则，与劳动并没有本质性的关系，即便是不劳动的占有，例如继承关系、时间或空间的先占等，也可以属于财产权的正当归属。因此，休谟并没有过多地论述或重视财产权的内容，而是强调财产权的规则形式，强调的是如何才能达到"稳定的占有"。而一旦涉及稳定占有，显然就需要一个重要的前提，即需要一个社会的、政府的稳定，因为只有政府的存在才能够使得个人对财产稳定的占有得到落实，或得到法律制度上的保障。

休谟在他的一系列著述中反复指出了人类社会得以存在的三个基本的正义规则：第一个是有关财产的稳定占有的规则；第二个是有关财产权的通过同意而得到转换的规则；第三个是承诺必须得到履行的诚信规则。第一个财产权规则是最基本的，后面的两个规则是从第一个规则中衍生出来的，这三个规则被休谟认为是构成一个社会最核心的原则。他认为，财产的占有不在于劳动和个人自由意志的体现，而在于占有财物是一种在法权中得到保护的稳定性占有的财产权，从占有的事实到财产权，这是人类历史上的一个标志性的推进，它意味着一个政治社会的产生。在休谟看来，稳定占有财物并不是人的自然权利所能保证的，洛克的所谓神学假设甚至通过人的参与劳动等理论，只是把占有限制在人的独立自主上，认为人能够凭着自己的先天权利而获得对物占有的持续性和稳定性，并由此证明其合法性，这在休谟看来是不可取的。休谟认为，人本身单纯依靠自然权利是不可能达到稳定占有的，即使一个自主的个人具有自然占有的正当性，他仍无法避免他人对自己财产的攫取，因此要获得稳定的占有必须人为地设计出一套补救的办法，这样就从一个自然社会进入到了一个政治社会。所谓的财产权理论不可能是一种自然权利的权利理论，只能是一种政治社会的规则理论，因为稳定的占有只有通过规则和人为设计的措施而得到保证。

休谟一再强调，财产的占有是通过政治社会自发演进或由立法者制定的一套规则而得到稳定的保障，并转换成为一种财产权，这样这种占有才因为法律而不被其他人侵犯，至于占有本身是不是体现了劳动或者体现了自由的人格，这些并不重要。体现也好，不体现也罢，问题是这种占有是否能够在法权上成为你的合法所有，由你自由支配。如果要成为你的合法所有就必须有一个政治社会、一个国家、一个政府，它们使得这样的占有稳定而不被其他人侵犯。所以，休谟强调的是占有规则，不是这个物上体现了什么，而是这个物是通过一种什么规则而为人所占有的。有了规则，占有才会存在；如果没有了规则，这个占有也就不会成为你的所有。所以，休谟认为人对物的占有的财产权关系是一种人的关系，是一种道德关系，而不是一个自然关系。实际上，我认为这里存在着一个悖论，这个悖论是什么呢？一方面，政治社会要保障这样一个规则的实施，使得这个占有能够稳定地成为法权意义上的财产权；另一方面，政治社会是怎么产生的呢？它是建立在财产权基础上的，财产权是一个政治社会最基本的构成前提。从这个逻辑上大家可以看出来，占有需要政治社会、政府、国家的承认，并由此确立财产权这个规则；但是，一个政治社会如果没有私人财产权的基础规则，又是不可能正义地存在下去的，因为一个政府之所以不是强盗集团，在于这个政治社会存在着最基本的财产权规则。从逻辑上来说这是一个悖论。休谟不是在逻辑上非常缜密的思想家，读他的著作，有时候可能会发现很多矛盾和悖论；但是休谟是经验主义的思想家，他提出了一个完全不同于洛克和黑格尔的政府起源理论。上述逻辑上的矛盾在他的经验论的论述中得到了有效的解决。

政府是怎么产生的呢？洛克有一套精细的契约论。在洛克看来，个人先天地就是一个自主性单元，他们相互之间通过订立契约而产生了政治社会，产生了政府和国家等政治与法律机构。这些机构的职责就在于通过权力来保护个人的诸多先天权利，其中包括财产权利。这番论证从逻辑上来说是很自洽的。但是，休谟指出，这个自洽的逻辑从来就没有存在过，世界上从来就没有任何一个政府是通过订立契约产生的；历史地看，政府是通过战争、掠夺、继承等五种方式产生的。因此，休谟对于洛克、霍布斯等人的契约论是持批评态度的。他说，从来没有所谓先天的自然权利，也不存在人们相互之间通过订立契约来产生政府，说到底，任何政府都是枪杆子里打出来的。在历史的演变过程中，强暴的政府逐渐从不正义转变为正义的、仁慈的。为了统治的稳定性和持久性，统治者逐渐开始讲究仁义，讲究荣誉，讲究正当性与合法性。政府的权威也罢，政府的起源也罢，休谟对此的经验主义论证，大致就是这样的一个过程。

上面谈的是财产权与政治社会的关系，这只是休谟财产权理论的一个方面，下面还有另外一个方面，即财产权的正当性问题，也就是说休谟并不认为存在了一个合法的政府就可以一劳永逸地解决私人财产权的正当性问题，仅仅通过政府的权力是不可能完全解决财产权问题的，休谟对于财产权的正当性论证还有另外一个方面。他一再指出，私人财产权是一个正义的制度，为什么呢？实际上，黑格尔和洛克也这么认为。洛克的论证方式主要是从天赋权利、自然正义的角度来考虑的，这里既有神学的印记，也遵循着传统的自然法精神。黑格尔也是从一个庞大的形而上学的法学体系来展开财产权的正义性论证的，先是抽象法，然后是市民法，最后是国家法，法律的表现形式体现了民族精神乃至绝对精神的演变，通过财产权体现人的自由意志。不仅如此，黑格尔认为，道德、艺术、宗教等也都是人类自由的体现。休谟与黑格尔、洛克的论证方式不同，关于私人占有财产之所以具有正当性，他试图从公共利益和个人利益的关系出发，提出了一个基于共同利益感的主观主义论证。

休谟对于人性提出了三个预设。首先，自然资料的提供是相对匮乏的，这个预设不像洛克那样认为自然资料是相对丰富的，也不像霍布斯那样认为是非常缺乏的。其他的两个预设是，人本性上是自私自利的，但又不是绝对自私的，休谟认为人还有一些有限的同情。在上述有关人性论的前提下，休谟所代表的苏格兰思想在论证财产权乃至政治社会的形成与合法性时，做出了一个巨大的理论贡献：他们有效地解决了公共利益与个人利益的关系问题，即认为个人追求私利能够促进公共利益的实现，这基本上是古典政治经济学的一个重要命题。这个命题说起来并不高尚，但在人类社会的实际生活当中却是普遍存在的。从曼德维尔到斯密、休谟，甚至现代经济学的公共选择学派，基本上都有这样一个假设，个人追求自己的私利。这在市民社会是没有错的，只要遵纪守法地追求就可以了。从道德上来说，可能会受到质疑，但也未必就全部有错，因为人不能仅仅靠着道德来生活，人首先要吃、穿、住。问题在于，在追求私利的个人活动中，私利导致了公共利益。这种公共利益到底是怎么产生的，产生的机制是什么？经济学上的论证是，由于大家都追求个人利益的最大化，最后认识到，由于大家都需要公共产品，公共产品的生产可能会有助于个人私利的最大化扩展。例如，我们的生意都需要公路，假如大家都不去建设公路的话，可能所有人的生意都会受到不良影响。这个大账算清楚之后，人们就会觉得公益的事情反而更能够促进个人利益的实现。

那么，到底什么是公共利益？这一问题特别值得重视。休谟认为，所谓的公共利益可能有很多，但其中最主要的是确立一套普遍抽象的规则，建立一套行之有效的法律制度，所谓正义的制度说到底就是能够实现公共利益的制度，能够使个人利益在公共利益中获得协调扩展的制度。休谟认为，私人财产权是公共利益和私人利益的一个有效的平衡，只有确立了私人财产权，每个人都可以稳定占有属于自己的私人财产，作为私人利益的追求者，人们才能够诉求公共利益，并由此生成出一套经济秩序、法律秩序和政治秩序，这就是最大的公共利益。这个公共利益休谟不是通过理性来论证的，在私人财产权的利益问题上，休谟与边沁等人的偏重于理性计算的功利主义不同，他强调的是基于共同利益感的规则形式。一般说来，功利主义有两种，一种是内容的功利主义，一种是形式的功利主义。所谓内容的功利主义主要是指边沁那一套功利主义，由此导致后来的实用主义，每个人都追求利益的最大化，最后的原则是大多数人的最大幸福，蛋糕做得越大分给大家的越多就越好，这是一个结果论的功利主义。但这个原则并不能保证最佳结果的实现，从某种意义上说，它是一种空想，因为它不注重规则。即便是一个大蛋糕，如果没有公正的分配规则，也无法保证上述原则的实现。形式的功利主义强调的是如何制定一套普遍抽象的规则，休谟认为提供一套正当行为规则，才是约束个人利益膨胀、促进公共利益的关键。财产权在他看来就是这类规则中最根本性的元规则，是公共利益的实质之所在。

四、休谟的文明政体论

17 和 18 世纪欧洲的社会政治思想处于一个所谓的启蒙时期，思想家们对于世界的认识不但有启蒙的眼界，还有历史的眼界，冲破神学束缚，开启民智，审视人类从野蛮到文明的发展历史，考察各个民族的风俗、礼仪、文化与制度，为本国的社会变革输入新的资源，这是当时思想家们的共识，因此有伏尔泰的《风俗论》、孟德斯鸠的《论法的精神》等一大批著述涌现。休谟作为苏格兰历史学派的代表人物之一，显然受到了那个时代的影响，他对于政体的看法渗透着时代的精神。但毕竟英国的精神不同于法国的精神，休谟有关文明与野蛮政体的观点，对于政府的起源与本性的看法，尽管与法国的思想有着密切的关联，与英国霍布斯和洛克的政治理论有着内在的呼应，但仍然呈现出理论的独创性。

休谟的政治理论有一个历史的维度，对于历史，休谟具有自己的理解，他并不赞同法国乃至英格兰前辈思想家的理性色彩较浓的历史观，他的历史理论是经验的，是建立在他的政治哲学和政体论的基础之上的，或者说他的历史意识服务于他有关人类政治事务的理论。通过对人类历史状态的考察，休谟隐含地认为人类的历史大致经历了的四种基本的社会形态。第一种是野蛮的极少文明的社会，在那里还没有出现主权之类的事物，例如美洲的印第安人就是如此。第二种是古代希腊、罗马社会，虽然存在少许的贸易，但工业并不发达。政制形态有多种形式，公民平等，共和精神和民主意识都很强烈。第三种是封建社会，经济上主要依靠农业，封建等级普遍存在，但国家有统一的法律，在法律面前，人人平等。生产技艺落后，生活简陋，无高雅兴趣。第四种社会是近代以来的商业社会，有关这个社会的经济、政制与文明的内容是休谟论述的中心，他的一系列著述都是围绕着这个近代社会展开的。

在休谟的社会政治思想中，文明具有十分重要的意义，他有关政体的理论首先是一个有关文明与否的政制问题。尽管休谟考察了一系列不同形态的政体，在他的论文中涉及专制政体、自由政体、共和政体、混合政体、民主政体、绝对专制政体、君主政体、君主专制政体、民主共和政体、东方专制政体、温和政体、野蛮政体、僭主政体等，但是在我看来，休谟理论中的这些政体形式并不是平行排列的，如果仔细研究休谟的政体理论，就会发现其中隐含着一个内在的政治逻辑，即隐含着一个有关人类政治体制的二阶划分标准。我认为在上述大量的政体形式背后，休谟实质上做了二阶的层次划分。首先，野蛮政体与文明政体的划分是休谟政体论的一阶逻辑，在此之下，才有所谓二阶形态的政体区分。所以，有关野蛮与文明的政体划分在休谟的政体论中，具有基础性的意义。虽然，一阶划分在休谟的政体理论中是隐含的，而且就内容看，也不是休谟考察、分析与研究的主要对象，但我们不能因此就忽视了它的重要性，否则就不能准确地理解休谟的政体理论。

有关君主制问题的考察、分析是休谟政体思想的一个重要内容，也是他一系列论述中着墨最多、思考最勤、独创性最突出的地方，所以值得我们下功夫研究，我认为即便在现代这样一个民主政治占据主流的时代，休谟的思考对于我们仍然不无裨益。自从马基亚维利开启了近代的政治哲学和政体论之先河后，有关政体问题的探讨不绝如缕，随着民族国家的日渐突起，究竟采取何种政体治理社会，君主制、共和制还是民主制，一直是政治理论争论的要点，特别是 17 世纪启蒙运动肇始以来，随着人民主权和民主政治呼声的高涨，君主制似乎已成为明日黄花。但是，不可否认的是，欧洲的君主制在近代历史上有着深厚的基础，已融入传承相续的政治传统之中，并且在现实的政治事务中保持着强大的生命力，英国人民历经革命的洗礼最终仍然选择了君主制，便是最好的例证。休谟在他的文章《英国政体究竟更倾向于君主专制，还是更倾向于民主共和国？》中提出了自己的主张。在他看来，一味坚持君主制或民主共和制都是不妥的，问题的关键在于君主制是怎样一种君主制，民主共和制是怎样一种民主共和制，应该看到问题的复杂性，看到在政治制度里面蕴含着更加本质性的东西。因此，他主张对不同的政体给予认真的分析和考察，特别是对于人们自以为熟知的所谓君主制，给予彻底的全面分析，探讨一下君主制有几种形态，究竟何种君主制最适合英国的国情与人民的习惯。这样一来，就涉及前面我们所指出的有关政体的二阶划分的问题，涉及自由君主制、专制君主制，以及有关专制程度、法治标准与政治自由等一系列复杂而又本质性的问题。

休谟有关政体的一阶划分是野蛮与文明政体两种形态的实质区分，野蛮政体的特征是绝对的专制暴力，统治者肆意无法，典型形态是古代东方社会的绝对君主制，如波斯等，以及希腊、罗马时期的变态政体，如僭主制等。而通常意义的君主制在休谟眼中，则基本上是属于文明政体的一种形态。亚里士多德在《雅典政制》与《政治学》中对于古代的君主制曾做过分析，认为君主政体大致有五种类型，总的来说是属于较好的政体。亚里士多德主要是从统治者的人数来看待君主制的，当时希腊的主流政体是民主制、贵族制与共和制，以及各种变体形式，君主制并非政制的主流。第二类君主制是近代以降的事情，随着近代民族国家的产生与发展，真正意义上的君主制国家出现了，马基亚维利是第一位系统论述君主制的政治思想家，他的《君主论》可谓近代政体论的开山之作。此后，但丁、博丹、霍布斯、孟德斯鸠等一大批重要的政治思想家都曾深入地探讨过君主制问题，遂使它成为近代政治学中的一门显学。休谟所处的时代，君主制问题不仅是一个重大的理论问题，更是一个严峻的现实问题。一方面，英国的光荣革命与英国君主制的命运息息相关；另一方面，法国的启蒙运动却使得法国的君主制风雨飘摇。君主制的命运如何？怎样看待君主制？英国与法国两种君主制是否存在着差别？英国是否适合君主制？适合何种君主制？……这一系列问题摆在了当时的思想家们的眼前。休谟基于对英国现实问题的极度关切，对于上述问题均给予了深入的思考。

休谟首先把近代君主制视为一种文明政体。在他看来，欧洲的君主政体，特别是近代以来的君主制国家，不同于野蛮的君主制，它们属于文明社会的政制形态。欧洲的各类君主国（包括英国）无疑都是专制性的，特别是在欧洲大陆，君主专制的色彩普遍较为强烈，君主个人的意志在国家统治中占有重要的地位。例如，它在法国路易十四那里发展到顶峰，法国的君主制是一种典型的君主专制。但是尽管如此，欧洲的君主专制仍然不同于东方社会的野蛮专制政体，君主的权力是受到约束的、有限度的，而不是绝对的、无限度的，不但受到一定的法律制度的约束，还受到传统、习惯、荣誉、惯例等因素的限制。例如，像英国这样的君主制，其国王受制于法律与传统的约束自不待说，即便是法国那样的专制君主制，它的古制一直受到各种力量和法律的制约也且不说，就是后来的所谓登峰造极的君主独裁，其权力也不是绝对的，相对于野蛮的绝对专制（absolute monarchy）仍是有限度的（limited sovereign）。所以，休谟认为近代君主制无论怎样都属于文明的政体，是一阶划分中的文明政体形态。

不过，在明确了上述基本前提之下，我们看到，休谟政体思想的深刻性在于他并没有满足于此，或者说他有关君主制理论的主要内容还在后面。他认为，对于近代的君主制不能简单地　概而论，应该在二阶层次上做本质性的区分。为此就进入休谟政体论的第二个要点，即在文明政体这一前提下，休谟对于君主制又做了明确的区分，划分了两种君主制，一种是专制君主制，一种是自由君主制。以休谟之见，自由之多少，而不是自由之有无，是区分近代君主政体之性质的一个关键。而我们知道，休谟所说的自由，并不是民主制意义上的自由，而是法治意义上的自由，因此，这种自由与法律制度有着密切的关系。这样一来，从休谟的上述论断中，我们按照法治之自由的程度标准将君主制分为两种：少许君主制与自由法律的结合是自由君主制，以英国为代表；少许自由法律与君主制的结合是专制君主制，以法国为代表。

　　休谟有关区分两种君主制的思想，与孟德斯鸠的观点有很多一致之处。孟德斯鸠早期较为推崇共和政体，在《论法的精神》一书中他的思想发生了变化，认为共和政体虽然总的来说优于君主政体，但并非全部如此，像威尼斯的共和政体就很糟糕，相比之下，像英国那样的君主政体不仅优越于大多数古代共和国，而且也优于现代的意大利诸国。在他看来，区分共和制与君主制的关键因素不在于统治者的人数，传统政治学的区分标准无法判断政体之优劣，以他之见，评价政体良莠的标准是"有无法治"。所以，无论是一人之治的君主国，还是众人之治的共和国，只要是建立在法治的基础之上，国家的权力在法的统治下相互制约、均衡运行，就是一个良好的政治宽和的政体。根据孟德斯鸠，特别是根据休谟的观点，我们综观一下近代欧洲国家的政治体制的演变过程是很有必要的，它们不但能够加深我们对于上述富有洞见的理论的理解，而且还有助于我们把握西方近代以来文明政体的演进轨迹及其本质性差异，从而理解当今世界政治文明的状况，促进我们作为一个政治民族的成熟，深思熟虑地选择适合于我们国情的自由政体。

我们看到，欧洲自近代政制发轫以来就呈现出两条政制道路。一条是欧洲大陆式的，它以法、德、俄为代表，在休谟那个时代，主要体现为法国的专制君主制。法国的君主制基本上延续了欧洲大陆传统的君主制的政治模式，在那里虽然也有某种法律之治，但国王的权力巨大，他可以根据自己的私人意志而决定国家的治理，在他身边的政府不过是一种附属性的行政机构，完全听命于他的个人专断。因此，以国王为中心，以巴黎为首都，形成了一个欧洲大陆的专制性的国家体系。相比之下，在德意志则是一群分崩离析的公国各自为政，虽有一个王制形式，但君主的权力是虚的，还没有像法国那样有一个统一的王权，只是后来俾斯麦推进的铁血政策促成了普鲁士王国的强大，并进而形成一个法治的专制国家，但这些都是休谟之后的事情了。不过总的来说，从法国到德国直至苏联，从18世纪到19世纪乃至20世纪的政制演变基本上是一个国家主义的政治路线，尽管这个"国家"开始是以君主国的形式出现，后来逐渐为"人民"的民主政治所代替，但其实质仍然是一种国家绝对高于个人的国家主义当道。另外一条是英美式的宪政主义政治路线，在休谟的时代，集中体现为英国的立宪君主制。我们知道，早在英国的古制时期就有宪政的传统，而经过英国革命所确立的政治体制，是不同于法、德路线的一种以法治主义为核心的自由政制。尽管国王在英国的政体中一直保持到今天，美国宪法之下的总统从某种意义上来说，也可以称之为匿名的国王，但这种立宪君主制的政体形式，并不影响其自由政体的实质，并不影响它在本质上是一种与专制主义相区别的自由政体。细究起来，休谟在几乎所有的文章中一直把英国的君主制称之为"自由政体"、"自由制度"、"自由君主制"，斯密也多次指出英国是一种"自然的自由制度"，其原因也正在于此。

由此可见，政体形式尽管是重要的，但并不是最根本性的。政治学中一直有两个问题，一个是由谁统治的问题，另一个是如何统治的问题。"由谁统治"可以根据统治者数量之多少而区分为君主制、贵族制和平民制，以及产生统治者的方式与程序之不同，而区分为直接民主制、代议制和一系列非民主制的政体，如僭主制、寡头制等，但这些都只是涉及政治学的政体形式问题，并不涉及根本问题。根本问题则是"如何统治"的问题，也就是说究竟是依据法律来统治，特别是依据宪法（未成文的与成文的）来统治，还是依据统治者（无论是君主一人、少数人还是大多数人）的意志来统治，这个问题触及自由与专制的实质性问题。相对来说，休谟更关注于后一个问题，并提出了一个二阶的政体划分理论。

野蛮与文明政体的一阶政体划分解决的是有关自由之有与无的问题，即绝对的专制政体是没有自由的政制，按照他的这个一阶分类，不但古代蛮族的绝对专制是野蛮政体，而且各种各样的近代乃至现代的绝对专制政制。例如，罗伯斯庇尔的人民专制、拿破仑的僭主制，特别是希特勒的独裁、斯大林的暴政等，都属于野蛮政体，它们是一种新的不同于古代野蛮政制的现代野蛮政制，用贡斯当的话说，它们是文明化的野蛮，其暴虐程度比古代有过之而无不及。至于文明框架内的二阶政体的划分，则不是自由之有无，而是自由之多少，涉及专制的相对程度问题。为此，休谟集中探讨了三种政体方式，即英国的自由政体、法国的专制政体和其他理想中的共和政体。休谟认为究竟在英国是采取君主制还是共和制，这些争论是不重要的，重要的在于是否存在法治，是否保障了人民的财产权利，是否存在着自由，这才是最为关键的。休谟的上述思想在美国

103

的联邦党人那里得到了继承和发展，联邦党人同样关注如何统治的问题，特别是法治与宪政问题，根据当时的情况，他们又特别警惕多数人的专制问题，这些思想受到了现代自由主义如哈耶克等理论家们的高度重视。

休谟的政治思想是深刻的、复杂的、丰富的，他并没有像当时的一些英国政治理论家们那样仅把目光局限在英国本土以及英国的政治传统，他对于欧洲大陆的政制考察也并不是仅局限在法国。固然英国的政治实践以及传统在休谟的理论中占有重要位置，法国的专制君主制也是他考察的一个主要对象。但是阅读休谟的一系列政治文章，我们发现，他还有另外一个值得注意的理论来源，那就是他对于欧洲历史上的共和制的分析与研究。古代希腊、罗马的一些小型城邦共和国的制度形态、政治德性以及自由精神时常出现在他的文章中，而近代以来的一些自治的城市共和国，如威尼斯、荷兰、苏黎世等则更成为他考察研究的要点，并且成为他分析英国和法国政体的理论参照。我们说休谟的政治思想是一种非体系化的复杂的深刻，他虽然对于英国的自由君主制推崇备至，认为它是最符合英国国情的一种明智选择，是一种良好的制度设计，但是在他的心目中其实还有另外一个标准，那就是他认为理想的国家制度最终乃是一个自由共和国的政体模式。

休谟的理论表现出他对于政治事务有着一种审慎的理解，这种理解与他的人性观和关于政治的正义理论有着密切联系。如果不了解他的政治哲学，就会产生很多的误解，甚至发现有些观点是矛盾的。例如，休谟的政治理论究竟是自由主义的，抑或保守主义的，就是思想史界一个聚讼纷纭的问题。但是，如果理解了他对于人性的复杂性的认识，理解了他所说的自私与同情在政治事务中的重要作用，理解了个人利益与公共利益在政治事务中的互动关系，我们就会发现他对于政体制度的分析，确实是展示了一个伟大的政治思想家所特有的那种把握人类事物的洞察力，这足以为我们解决当今的现实问题提供一些借鉴。

（原刊于《休谟论说文集卷 1：论政治与经济·导读》，

浙江大学出版社，2011）

去标签化的休谟《英国史》

休谟《英国史》（第一、二卷）中译本首次出版，使得休谟作为一个历史学家的面目更多地出现在国人面前。其实，"休谟在他生活的时代，首先是历史学研究给他带了声誉，而不是哲学、道德学或经济评论等论述。休谟是靠着《英国史》的写作赢得了社会声誉后，学界才开始重新审视他的哲学、道德、经济等思想贡献。"高全喜教授说，关于休谟的《英国史》，自己早年就曾复印英文版本来读，这次刚刚出版的中文版也找来读了。为深入了解休谟的史学研究，记者采访了高全喜教授。高全喜教授对大卫·休谟的思想广有研究，曾著有《休谟的政治哲学》。（访谈记者：焦守林）

晶报：国人熟知休谟，更多是其哲学家的身份，其实他还是历史学家。给我们简要地谈谈作为历史学家的休谟吧。

高全喜：休谟在他那个时代的思想界或知识界声名鹊起，并不是作为一个哲学家或者其他什么家，他哲学思想的重要性，是以后逐渐被人承认和关注的。因为，休谟一开始写的《人性论》并没有给他带来多少名声，关于这一点他在自己的《小传》里有过叙述。

正是《英国史》的写作给休谟带来了极大的声誉。这套六卷本的巨著，休谟当时是写完一卷出版一卷的，没想到甫一出版就成为了畅销书，这也使得大家开始重新审视休谟，进而开始关注他的哲学、道德学、经济学等方面的成就。

所以说，当时的英国人首先把他视为一个伟大的史学家。

晶报：作为一个对哲学人性论有着深邃思考的思想家，休谟写起了英国史。那么，与其他史学家的历史著作相比，休谟的英国史，在您看来有什么独特之处呢？

高全喜：相比其他史学著作来说，由于休谟的哲学思想等方面修养丰厚，他对历史人物和历史事件的叙述有着思想的高度和历史的厚度，尤其对重大历史事件和人物的评价上，显示出一般历史书少有的深刻性，这是大多历史学家做不到的。

这也是休谟的《英国史》给人最突出的印象，在其思想史的大视野下，休谟对历史的叙事举重若轻，蕴含丰富，具有广阔的尺度性。一般的历史学家往往容易就事论事。

比如，休谟对英国政治传统的论述，第一卷的两个附录就论述得很精彩：附录一"盎格鲁－撒克逊的政制和习俗"和附录二"封建与盎格鲁－诺曼政体及其习俗"，不是就历史而谈历史，而是为早期英国历史的演变提供了一个很好的制度性的概括。再比如，其对"光荣革命"的看法就富有张力，比简单赞成某一派的历史学家更全面，他的思想有点类似于托克维尔的风格。

晶报：作为历史研究者，在历史观上，休谟与其他英国史学家有什么不同吗？

高全喜：休谟的历史观是十分独特的。按照一般史学家的说法，20世纪之前，在英国有两派对英国史的主流叙述：一派是托利党人的英国史，代表作就是休谟的英国史，特色就是保守主义；另外一派是辉格党人的英国史，代表作是哈兰、麦考莱等人的英国史，特点是激进而自由主义的。

但是我想说的是，不能把休谟的《英国史》简单地理解成托利党人的历史观，这一点休谟在他的《小传》中也说起过。他不无感慨地说自己的《英国史》出版后，托利党人骂他，辉格党人也骂他，国教派骂他，清教派也骂他。由此可见，他并没有得到某一派别的完全认同。

虽然后来主流历史学把休谟的《英国史》看作是托利党人的代表作，但实际上，休谟并没有完全按照托利党人的史学观这一标签来写英国史。这也正说明休谟史学的高明和深刻。各派都指责，恰恰说明他建立起了自己历史观的一个最大公约数。比如，他不反对英国的革命，但又对国王被杀头掬一把同情之泪；他赞成《大宪章》，但又对伟大君主的评价很高；他不是站在国教的立场看待政制，但也不赞成清教徒对于英国政制的主张。

总的来说，休谟的历史观是带有一定保守主义倾向的，对英国君主制多有同情性理解与评价，但他对英国的共和革命也并不完全反对，不能因为他同情英国君主制就将他视为绝对的保皇派。实际上他对后来光荣复辟所建立的君主立宪制也是赞成的，甚至在他的政体理论中还主张完全的共和制呢。

正因为如此，休谟的《英国史》才有了非凡的意义，超出了特定时代的历史纠结。所以,我们不能给休谟的历史观以过多的标签化理解,他的历史观既不是托利党史观的,更不是辉格党史观的,而是休谟的历史观。

晶报:这次休谟《英国史》中译本的出版,对于我们研究英国历史有什么现实意义吗?

高全喜:休谟《英国史》中译本的出版,我认为对于历史著作的写作与研究具有"拨乱反正"的意义。古往今来,撰写王朝政治以及军事、外交等这些大事件,历来是历史的主业,这一点中西方皆然,例如,中国的《史记》和《左传》、西方塔西佗的《编年史》、吉本的《罗马帝国衰亡史》等等。但是,20世纪以后的历史写作,史学家们倾向于关注一些鸡毛蒜皮的小事。只有帝王将相、春秋大义固然不好,但是20世纪后的历史过于着重小人物、小事情的书写了,尤其是第二次世界大战以后,史学界对历史的叙事偏离了古典的伟大传统。一瓢水当然是历史,我不否认一瓢水的研究价值,但不能因此而忽略了历史的大江大河。

休谟的《英国史》相比之下,则是遵循着古典历史学的伟大传统,他写的正是英国的帝王将相、春秋大义:政制、法律、财政、战争、革命与和平。我觉得休谟历史著作的出版问世，有助于读者理解传统史学的叙事内容与叙事风格，历史应该注重研究的问题，历史是否有重要和不重要的内容之区分等等。

晶报： 作为一名政法领域的研究专家，从宪政的角度阅读休谟的《英国史》，有什么启发吗？

高全喜： 从政治、法律的角度来说，休谟的这本《英国史》读来很有现实的亲切感。我们发现，英国史中的政治、法律乃至战争、财政、宗教和文化，都不是干巴巴的，而是活生生的历史，诸多重大的人物和事件都是围绕这些主题展开的，它们很生动。作为政治法律的研究者，我从中可以读到，政治制度是怎么演变的，法律规则是如何变化的等等。

从这样一本历史书中读这些内容，比从专业的教科书上读来更有历史感和真实感，理解它们也更加充实和丰富，而不再是抽象的概念式的理解。所以，我觉得研究政法的人多读读这类历史书，收益一定会很大。

晶报： 您去年写的《立宪时刻》广受好评，也是从宪政的角度叙述了一段历史，当时写作时有没有受到休谟的什么影响？

高全喜：可以说也是无形中学习休谟的一个结果吧。到目前来说，我对休谟政治思想的研究，感到遗憾的一点就是没有怎么涉及他的历史著作，我希望后来者能够弥补这个研究领域的缺憾。

晶报：您曾读过英文版的休谟《英国史》，现在也读了中译本，您觉得这个中译本翻译得怎么样？

高全喜：通读下来，我觉得刘仲敬先生的翻译很不错，译得比较儒雅，可以从中看出译者的深厚的文学涵养。这样的翻译风格是恰当的，典雅通达，有儒者之气。

为什么这样说呢？因为休谟本身就是一位饱读诗书的英国绅士，而不是像法国的知识分子那样刻薄与偏激。因此，如此翻译出来的味道也就很对，这是士大夫和英国绅士的味道。如果是法国知识分子的书，那样的翻译风格，可能就不行了。中国传统文化的味道恰与英国绅士风格契合。恰当的人翻译恰当的书，这是很难得的。

当然，具体到翻译细节，我没有和原文进行详细对比，不好评价。

晶报：休谟这么有名的一本史书，为什么现在才有翻译呢？

高全喜：这个具体原因我不太清楚。不过，据我所知，关于休谟《英国史》的翻译，一直有人在做，未来一两年，可能会看到商务印书馆等出版社的多种版本吧。大家都在翻译，可能是体量比较大，还没有出来。

另外，对于英国思想家的研究，我们只是在民国时期比较重视，后来就不怎么重视了，学界更多地是重视法国、德国、俄国、美国思想家的研究与翻译。思想界对英国思想的研究比较薄弱，就是英国的思想家，研究与翻译更多的也是洛克、边沁、穆勒等英格兰的思想，而忽视了苏格兰的思想家。所以，我们最近在浙江大学出版社编了一套苏格兰启蒙思想的译丛，想稍微改变一下风气。

晶报：为什么英国的思想家，民国以后我们译介的比较少呢？

高全喜：原因很简单，英国的思想大多是保守的，与后来我们大力倡导的革命思潮不符合，很多人认为英国思想不具有可学习性。

晶报：休谟作品中译本的译介总体情况现在怎样？

高全喜：休谟的主要著作基本上都有中译本了，还有一些通信集等散作也在陆陆续续地出版。

晶报：据您的了解，目前国内对休谟思想的研究是怎样的情况呢？

高全喜：目前国内对休谟的研究，主要是两块：一块是从哲学角度研究，哲学史界有一批人在研究，从本体论、认识论、知识学到道德哲学；另外一块属于思想史，或者说，是试图从思想史的角度来研究休谟的政治、法律、经济、道德思想，我和秋风、罗卫东、韦森、李强、王焱等一批学者正在从事这项工作。这块研究涉及中国现实的相关问题，具有中国问题的关怀，比如，我们会涉及其与中国五四思想启蒙的关系。

晶报：关于休谟历史书写的研究，现在怎么样呢？

高全喜：关于休谟历史著作的研究，目前还是相当薄弱的，《英国史》中译本的出版也许会带来一些刺激吧。不过，我希望出版界还应出版一些国外对休谟《英国史》研究的相关书籍，以及关于英国史不同流派的著作，这样好有个参照，也更有利于对休谟《英国史》的研究。

（原刊于《晶报》，2012 年 5 月 13 日）

通识教育旨在培养健全自由的人格

　　教育这个关乎个人生活品质与国家命脉的制度，在现代处境中遭遇了前所未有的困境。通识教育基本上是针对教育专业化、功利化等现代性问题设计的。中国正处于大国崛起时期，对国民的教育显然不能仅限于专家和技术工人的层次，如何培育健全自由的人格，抑或培养中华文明共同体的传人？民族的政治成熟和思想成熟需要以合乎文明标准的通识教育为前提。在国内高校探索通识教育的改革潮流中，由高全喜教授主导和设计的北京航空航天大学通识教育改革颇具特色。其实践源于对国外通识教育理念、操作模式的相对完整的理解以及对国内众多大学通识教育改革的调研与比较。由此，本刊专栏走访了高全喜教授。（访谈记者：周绍纲）

一、为什么要搞通识教育

新华月报：近几年来通识教育在中国逐渐兴起，其中有哪些原因呢？

高全喜：首先是因为专业的分化。学科专业的分化日渐烦琐，这就使得对人才的造就越来越显现出它的片面性。中国现在的大学教育，总的来说是日渐狭隘和片面。比如文学，文学课程有古代文学、现代文学、外国文学。再细化有李白、杜甫、曹雪芹……那可开的课程就太多了。我们所说的传统文史哲、政经法，一路下来，到博士要学十年，学的确实是越来越精。但这个社会，第一未必需要这么精的人才，第二这个精非常狭窄，没有一个稳固的通识基础使你更好地成长，将来你除了成为杜甫专家，或者搞文学研究，剩下的你都不会干。我们培养了一代又一代、一拨又一拨的学生，现在，无论是学生自己还是学校的老师，还是学校的管理机构，都明显感觉专业分化过于细致、过于狭窄，限制了本来从大学到博士这十年可以充分进行的既是非常广博又是非常专业的、多元化知识学习。这是为什么通识教育最近这些年在中国兴起的一个原因。

第二个原因就是现在的教育以专业知识为导向，知识功利主义。所谓的大学就是贩卖知识，到大学就是学知识。真正的大学应该塑造人才、塑造心灵、塑造人格，把学生培育为"全面的人"。我们现在的大学除了贩卖知识之外，什么都不会，甚至有些知识乱七八糟，没多少价值。剩下的就是政治思想教育。大学真正要实施的是德性教育。真正的德性教育不是政治洗脑，不是灌输意识形态，而是要培养人的自由人格、人的美德、人对社会的责任心，对真正拥有知识和健全人格的人的塑造。随着生命的成长，人肯定要有对社会的认识，要有对生命的认识，要对人为什么活着，为什么和一些人组成一个群体、参与社会，社会是什么、国家是什么、外部世界是什么等等，有所认识。这些东西是由谁来告诉你们呢？哪有这样的课程呢？专业课都是在贩卖知识嘛。文学或经济学从来都不会告诉你，你要有独立的人格，要有公民意识、国家意识。但是作为一个完整的人，你在大学受了多年教育，毕业之后，连什么是民主法治、自由人格，作为一个国家的公民你享有的权利、应承担的责任等方面都没有相关的知识，这样的教育不是很片面吗？上述就是我认为要实施通识教育的两个原因，在中国尤其如此。

新华月报：有些人认为通识教育就是通才教育。

高全喜：现在大家都误解通识教育，对它进行打包捆绑，挂上通识教育的名字似乎就时髦了。通识教育，一般人理解为通才教育，就是除了自己专业之外多学一些文史哲、政经法甚至琴棋书画，长点见识，所谓人文素养，这就是通识教育。其实这完全是对通识教育的误读。杨振宁会弹钢琴没错，但通识的核心不是在于会弹钢琴，他可能还会书法呢。哪一个科学家学了琴棋书画就成了杨振宁？那些东西都是通识的外在表述，也可能他喜欢打麻将呢。梁启超就喜欢打麻将，打麻将也不影响他成为民国时期的大学问家啊。所以，这些都是次要的，关键问题是如何理解通识教育。

新华月报：在您看来，通识教育应该是什么样子？

高全喜：就我理解的通识教育，是西方真正的、主流的通识教育。它的核心课程不多，因为它培养的是一个健全自由的人格，这是通识教育最主要的一个内容。人类文明几千年下来，可以说真正能够培养自由健全人格的经典性的著作不会太多。从西方来说，就有两个重要的时期：

一个就是古典时期，古希腊、罗马时期，那时候产生了一大批所谓轴心时代的人类文明的经典；再一个就是 15 世纪之后近代的一些经典著作。近代是现代社会的早期发轫时期，有一批伟大的思想家，比如大家知道的牛顿、洛克、卢梭、黑格尔、康德、亚当·斯密、孟德斯鸠这批人。西方文明史上两个最灿烂的时期留下了一些最经典的著作。这是通识教育第一层次的核心内容。当然，这样的著作也很多，可能每个时期有那么几十本经典的专著。我们的通识教育课程安排随着规模、讲课的老师以及学习时间的长短而不同，十年的时间你就可能多学一点通识教育，两三年的时间你就可能少学一点。但主要学的就是这些经典著作。我们可以看到，这种经典著作不是专业知识性的，很难把它们归为哪一类的知识。比如亚当·斯密的《国富论》，你能说它纯粹是经济学著作吗？它里边有政治学、法学、道德学的内容，是一部百科全书式的著作。我经常说它是元学科，是知识的知识，产生知识的元知识。古典时期也是这样，柏拉图和亚里士多德的著作是知识吗？是，它们的那些知识我们现在来看都要过时了，但为什么要读它们？它们背后体现了一些基本理念、基本精神，那些知识塑造了当时的希腊人。

新华月报：除了这些，中国的通识教育还有特别的地方吗？

高全喜：中国的通识教育和西方不一样，我们还有中国的传统。中国的孔孟之道、经史子集，五千年文明从三代之治、春秋公羊学一直到近代中华民国成立之前，我们有诸多中国传统的学术。中国的传统学术一般是以书院教学模式为主，比如源远流长的阳明书院、白鹿洞书院。所以，中国的通识教育和西方不同：我们还要加入一些中国传统的内容。我们大体上研究了一下中国传统的内容，开设了十多门课，有《礼记》《孔孟》《经学》《公羊学》《尚书》等等。中国传统的学术当然也有很多，经史子集等等，太多了。但我们选择最经典的，经学，如春秋公羊学；子学，如孔孟之道，它们是主干。我们加入的中国思想学术的内容，跟西方的经典相匹配。所以中国通识教育的最大不同就在于还要加入中国文明中的经典，这一块也是我们通识教育的重要内容。无论是中国经典还是西方经典，主要塑造的就是我刚才说的自由人格。自由人格的培养是一个丰富的、全面的、触及心灵的通识教育。这里按照韦伯的说法又包含两块，一个是价值理性，一个是工具理性。

价值理性偏重于道德教育，中国很多传统的东西就是德性教育；工具理性就是 15 世纪以后西方的那一套。古典时期基本上是一种德性教育，偏重于美德教育、道德教育、政治德性教育，中国先秦时期的教育也偏重于这一块。到了工具理性、偏重于知识这一块时，就是 15 世纪以降的西学经典，它们是没有现代分科的元知识。它们与我们现在各个学院的专业知识的不同之处在于它们是奠定现在专业分科的基础性知识或元知识。

二、通识教育是教育改革的一个方向

新华月报：北航的通识教育是怎么起步的？

高全喜：记得两年前，北航的怀校长跟我聊天，说到北航想办个文科实验班。为什么呢？北航培养了那么多工程师，但没有培养出一个像样的社会领域的领导者、大师，他们觉得可以尝试开办文科实验班，说不定能够培养一些杰出的社会科学领域的领导人才。所以，北航创办文科实验班，实施通识教育，是基于中国社会的需要和北航人的期望。我们基本上是这样一个设计，前两年以通识教育的核心内容为主，用学科分类来说就是文史哲为入口，政经法为出口。前两年四个学期，每个学期大致有八门课，两年不到三十门课。这些课主要介绍中国和西方的我刚才所说的几个层次的经典著作。这是我们前两年的课程，所有学生不分专业，必须把这些基本课程全学了。我们这些课程有三个特点：第一是读原著，有的一本原著很厚，未必全读完，但特别强调一定读原著；第二是小班授课，三十个人围起来，一个老师讲；第三是启发式、批判式的思维。这样对讲课老师就有要求了，可以是探讨式的，并以读书笔记的方式交流。

新华月报：这种教育模式似乎有贵族化的倾向？

高全喜：从某种意义上说，通识教育确实是奢侈的，我给校长的一封信里也写道，通识教育是有点奢侈的，或者贵族化的，北航想办通识教育，这个要考虑好，我们不能办大，大的话办不起，但办个小班北航还是有这点钱的。为什么奢侈呢？它不单是钱的投入，关键是教学方式，小班教育要求大学从一年级开始，每一个学生跟老师都有这种导师关系。我算了一下，高研院发展到一定阶段，我们会有十个专职的助理教授。我们设立了一个助理教授制，助理教授从学校的职称上可能也是一个副教授，但职责仍然是助理教授。我聘请其他学校的老师来做讲课教授，助理教授参与学生的讨论、课程的设置、组织学习等这一系列的活动。我算了一下，一届三十人，四届一百二十人，我有十个青年老师的话，一个老师平均下来管十二个人，一个年级下来管三个人。也就是在他手上总有十二个学生，但这十二个学生是四个年级，一个年级只管三个。这十个老师分成不同的专业，就等于每一个学生大学入学之后就有一个老师，某种意义上说他就是学生的导师了。除了上课与讲课老师的探讨之外，其他时间的学习主要由高研院的助理教授负责，这对老师也没有太大压力，因为他只管十二个学生嘛！所以，我们本校的助理教授和学生是这样一种关系。

新华月报：北航的文科实验班主要聘请哪些老师呢？

高全喜：聘请的老师大体上是我在北京学界的朋友，他们都很支持，我把北京乃至全国最好的老师请到了沙河（北航的另外一个校区）给实验班的同学们讲课。例如，哲学领域的李猛、吴飞、吴增定。此外，经济学的、历史学的、国学的等都是从北京大学、清华大学和中国人民大学等国内最好的大学请来的讲课老师，专门到沙河去讲一学期的课程。我们大体上开过柏拉图的《会饮》篇和《斐德若》篇、亚里士多德的《伦理学》、奥古斯丁的神学著作，中国的开过《礼记》《论语》《尚书》，然后还开了《中国文明史》和《西方文明史》。令人高兴的是，著名的独立学者秋风今年正式成为北航高研院的教授，使我们的中学师资达到一个新高度，他开设的一系列中学经典课程影响很大。此外，我还要求同学们学一些理科知识，开过《科技史》，讲西方科技发展几个重要的阶段。还开了一门艺术鉴赏课，我们北航有个新艺术设计学院，给同学们讲艺术，比如带他们做陶艺。主课一学期是八门，我们叫"1+1+3"模式。第一年的两个学期读中国和西方的经典。第二年，也叫读经典，但教育部要求学生毕业要拿不同的学位、修相应的学分，课程要上一些相关的专业课，我只能做一个改造，比如这学期正在讲的，题目是"经济学原理"，实际上是讲《国富论》。因为三十人到了三年级就要从三个专业中进行选择，一个是政治学（行政管理）、一个是经济学、一个是法学，平均下来一个专业有十个人左右。这样三个专业就把三十人分化了，但分化也是由我高研院管理，不是分到各个学院去了。专业还是那个专业，将来拿到的是相关专

业的学士学位。为了经济学的课程能够达到教育部所要求
的学分，二年级的课基本就叫原理课，但实际上还是经典
原著选读，经济学就讲《国富论》，政治学讲洛克的《政府
论》，法学讲《论法的精神》。实际上还是讲原著，但我就
在括弧中加一个原理，将来你学法学它就并入法学的学分
里去。总体来说，前两年不分专业，这些课程作为必修课，
必须学。除了星期三下午没课，每周的时间基本都排满了。
到了三年级之后选三个专业，法学、政治学（行政管理）、
经济学，我们只能选这三个专业，这三个专业北航有博士
点。另外从将来的教育资源配置来说，我们的实验班是，
文史哲作为前提、导入的进口，出口是政经法这三个专业，
是要经世致用，不是最后去学玄学、写小说。你可以把文
史哲作为学术爱好，或者今后报考其他学校文史哲方面的
研究生，但在我们北航，实验班的学生必须在三个专业中
选一个。后面的两年，选择法学专业的，就到我们法学院
去听一些课，也可以到北大、清华的法学院去修一些课，
我们也承认学分。修够了学分之后，将来就授予法学学士
学位。我们还有一个制度是，实验班三十人学完这些课之
后，成绩优秀的百分之六十以上推荐攻读研究生，就不需

要考试了。所以，第四年我也同样要求他们认真读书，因为你不需要参加研究生的考试了，除了你要考北大、清华或者其他大学，或者到国外攻读研究生，要参加相关的考试，只要你在我们本校就不需要考试。而且读研究生之后，导师不一定是我们学校的，高研院已经聘请了八位讲席教授，像周其仁、张维迎、刘东、李强、王焱、许章润、任剑涛等著名学者在我们那里带一个硕士、一个博士。现在北大那边有点情况，北大规定，教授不允许在外边带博士，这样就没办法了。但其他学校的老师就没有太大问题。这样最后的结果是什么呢？北航这个实验班有十年或者六年或者四年来培养法学学士、经济学学士、政治学学士，这与法学院、政治学院、经济学院培养的到底哪一个真正有助于学生成才，哪一个社会更需要，哪一个能为学生以后的发展奠定更好的基础，这是我们高研院的一个探索，结果还有待检验。不过，就我自己的感觉来说，应该是我们这里的课程能给学生提供厚实的培养。两年经典著作的学习，加上人格、道德教育，还有各方面的"开小灶"，我相信我们的学生会胜出的。总的来看，这个探索比较符合北航的情况，因为北航不可能把文史哲作为同学们的专业出口，而且也没有相应的博士授予权。所以，北航只能做社会科学的通识教育。

三、通识教育培育健全的人格

新华月报：中国高校目前已有好几种通识教育模式，您怎么看中山大学博雅学院的模式？

高全喜：中山大学甘阳、刘小枫实施的通识教育，也很火，吸收了很多人。他们的优点在于看到了现在大学教育的缺陷，把通识教育和经典结合起来。他们的短板是什么呢？这两个人我很熟悉。他们特别崇尚西方的古典学，所以他们的通识教育偏重于纯粹的古希腊学、拉丁学这种狭义的西方古典学，他们要求三十个学生学拉丁文、希腊文，要读西方古典学的经典。这样很好，但问题在于中国人不是外国人，没有语言背景，你要把英文、拉丁文、希腊文学完再把亚里士多德、柏拉图这些全讲完，四年是远远不够的。所以他们造就的通识人才基本上变成专才了，变成了古典学的精英、专才。他们的雄心很大，我看基本是二十年的通识教育才可以，十年学习西方古典学的经典，再用十年搞中国的经史子集，这样才能实现他们的通识教育的伟大理想。如果只是四五年时间，就只能培养一批懂西方古典学、拉丁学、希腊学的专业精英，这是他们的模式的短板。而且他们反现代性，认为现代科学、15 世纪以后的社会科学都是败坏的，要对现代性进行批判，通识教育要拒斥现代学术思想。而不是像我们这样兼容，古典的好，现代的也好。他们认为古典的好，现代的败坏。这是他们的价值取向导致的，不像我是一个保守的自由主义。我办学也是有价值理念的。总之，在通识教育方面，办学理念跟自己的价值理念、思想主张是有密切关联的。

新华月报：北航高研院实验班的模式有什么特点？

高全喜：我只能说它是一种摸索，其特点在于它是一个理工科大学，要办文科内容的通识教育只能借助于外面的教师，但是这些老师如果只是简单请来讲讲课，没有一套通识的设计，就会很散。所以就需要一套实施通识教育的制度。中国很多文科大学现在也在纷纷改革，你学习人家的制度，到底是学习现在的北大、人大、复旦呢，还是学习它们改革之后的制度呢？这些就需要思考，学现在的，人家还在改呢，自己都不满意了；学未来的，未来改成什么样，谁也搞不清楚。所以北航就是在这样一个夹缝中探讨一种机制，不成熟，但基本是从文史哲入口，两年的通识教育，两年的政经法出口，将来本硕连读，然后鼓励他们攻读博士。用前两年的时间来达到刚才我所说的通识教育的目标，今后用若干年，在研究生阶段学习专业知识。其实，本科后两年我也不太强调专业学习，还是通识教育，但教育部要求必须拿相应的学士，只能让他学习专业。我个人认为，即便拿到经济学学士学位，你也未必掌握了多少经济学知识，还是好好把社会科学的综合知识学好，将来读硕、读博不愁学不了这种专门知识，而且专门知识不难学。就像跳高、跳远、跑步似的，素质基础打好了，肯定会跳得更高、更远。所以，专业知识不要着急，先要打素质基础。到了硕士生、博士生阶段，那些专业知识现学都来得及。这是我个人的一些主张。在做的时候，我可能会在课程设置上加大通识教育的力度。这是我们的模式，目前还在实验。

新华月报：也许有人会质疑，比如说"穷二代"，可能会认为学了这些东西之后并不能改变命运？

高老师：这在中国来说确实是一个问题。但我觉得，古希腊是从制度上区分了奴隶和公民，很多科学家都是奴隶，不可能成为自由民的。这是由制度区分了社会的等级。现在至少我们从制度上没有限制你想干什么、不能干什么。当然现实确实存在着这样的一个困境。我觉得作为一个大学生，首先你要实事求是，自己的人生设计不能好高骛远。学会一些专门的知识或者谋生的手艺，这一点当然是需要的。过去我们所谓的考试制度、选举制度，都是可以不分等级参加的。通识教育某种意义上来说，它确实有一定的基础，有现实的考量，但是它并没有一个固定的限制。假如你的生存压力比较大，我觉得你找一个比较现实的、正常的职业教育或者一般的专业学习是必要的。但即使这样，你也要学会战胜、克服自己，在有机会的情况下，为自己今后的提高阅读一些东西。大学确实是一个职业导向的东西，但你不能把人生的东西都穷尽在这里头。从某种程度上来说，我觉得任何一个专业，即使通识教育的专业，你只要能够学下来，未必就不能找到工作。比如一些学校想聘请文史哲专业的年轻的优秀老师，就找不到。并不是学了文史哲就不可能就业，实际上专业就业的途径是很狭窄的，但具备一定的综合性知识，真正有自由人格或有能力，反而就业前景要远远好于一些只有手艺的人。很多家长有一个误区，说上大学必须学一个专业，不学专业就找不到工作了。但如果接触那种高层次的职业经理，或者大企业，或者公务员系统，就会发现他们实际上不太关心你是经济学院的、法学院的还是文学院的，主要看的还是你的能力。通识教育就是要塑造你的能力，所以我觉得通识教育塑造出来的人才反而比专业人才在社会中的适应性更强。我经常对我们实验班同学说，别着急，我相信你们将来肯定不会找不到工作。所以这个问题首先在于你个人无论是出于贫困之家还是官宦之家，自己要人格健全，要有一种不要靠家庭的意识，要自立。通识教育就是塑造这方面的能力和认知，这是最关键的。

（原刊于《新华月报》，2012 年第 21 期）

一份简单扼要的法理学与宪政理论书单

应《博览群书》编辑之邀，我提供一份简单扼要的法理学与宪政理论书单。我认为，不管你秉有何种思想与理念、价值与主义，它们是进入法理学与宪政问题研究的一个基本的学术门槛。

一、哈特:《法律的概念》

H. L. A. 哈特（1907—1992），英国法哲学家，分析实证主义法学创始人，牛津大学法理学讲席的首任教授。哈特以其实证主义的姿态、自由主义的立场、分析主义的旗帜以及道德哲学家的情怀，构建了一个庞大而自洽的法理学体系。哈特早年学习法律，后从事法律实务，第二次世界大战结束后进入 J. L. 奥斯丁和赖尔等人组成的牛津日常语言哲学讨论圈。20 世纪前期英语世界的政治哲学和法哲学濒于消亡，哈特将现代哲学中的逻辑实证主义和日常语言分析方法引入法理学，开创了延续至今的牛津法哲学盛况，并渗透至政治哲学领域。1961 年出版的《法律的概念》是哈特的成名作和代表作，也是 20 世纪法哲学领域最重要的著作之一。在法哲学领域，哈特在批判约翰·奥斯丁实证主义法律定义的基础上，发展出一套精细的规则理论，取代了约翰·奥斯丁的"法律命令说"；在法与道德的关系上，他坚持了约翰·奥斯丁对法与道德的严格区分；在政治哲学领域，他沿循边沁的脚步，是自由主义传统最强大的代言人。

二、凯尔森:《法与国家的一般理论》

汉斯·凯尔森（1881—1973），20 世纪最重要的法哲学和公法学家之一，纯粹实证主义法学创始人。原籍奥地利，20 世纪 20 年代曾任奥地利最高宪法法院法官，1930 年后辗转德国、瑞士、瑞典等国的大学，1940 年流亡美国，后加入美国籍，最终成为加州大学伯克利分校的政治学教授。因为原创性的洞见和以上的坎坷经历，凯尔森的纯粹法理论对 20 世纪德语和英语两大学界的法哲学和公法学产生了深远影响。《法与国家的一般理论》是凯尔森到达美国之后用英语写作的一本教科书性质的公法学著作，虽不是有关纯粹法理论的原创性著作，但却运用纯粹法学方法对法律和国家的一般理论问题进行了全面系统的阐述，因此是凯尔森最主要的代表作。全书分法律论与国家论两编和一个附录《自然法学说和法律实证主义》，该附录是有关自然法传统和法律实证主义的一篇经典文献。

三、德沃金：《法律帝国》

《法律帝国》是当代著名法哲学和政治哲学家、牛津大学前任法理学讲席教授、纽约大学法学与哲学教授德沃金的第三部著作，是德沃金最具代表性和全面性的著作。罗纳德·德沃金被公认为当代英美法学理论圈内健在的最有影响的人物。德沃金在批判哈特的法律理论的基础上开始自己的理论建构。他的法哲学和政治哲学体系有四大基石：第一，批判并超越法律实证主义；第二，坚持认为法律理论依赖于政治与道德理论；第三，把法律理论根植于一种解释理论；第四，将平等的政治价值作为法律理论的核心部分。在本书中他力主政治与法律的整体性，并对美国的法律制度进行了具体分析。总的来说，德沃金所展现的是一种由政治自由主义指导的法哲学和政治哲学，最终目的是要建立一种平等与自由的政治社会。

四、考文：《美国宪法的"高级法"背景》

爱德华·S.考文系美国宪法史学家，他一生都在探寻美国宪法的思想渊源。《美国宪法的"高级法"背景》，作为一篇学术论文，最初发表于《哈佛法学评论》(*Harvard Law Review* XLⅡ，1928-1929，149-185，365-409）上，几十年来成为探索美国宪法思想渊源的一篇经典文献。本论文简洁而极生动地写出了对美国法的性格和美国宪法制度产生重要影响的具有二百年历史的自然法思想背景。本书作者认为"美国宪法合法性、至上性"及"人们对其的无限尊崇"都来源于"一种实质的、永恒不变的正义"，即美国宪法在其思想史上的"高级法"背景——一种源于自然法又发展了自然法的法学思想与理论。美国宪法的力量以及美国宪法条款中具有的公正意识皆来源于高级法诸原则。

五、麦基文:《宪政古今》

《宪政古今》是美国宪法学家 C.H. 麦基文的一个讲稿,出版于 20 世纪 40 年代。本书最初由作者 1938—1939 学年在康奈尔大学的六个讲稿构成,该讲座即"关于文明演进的梅森格 Messenger 讲座"。在这本书里,作者用凝练的笔法大致阐述了宪政这一现代政治制度的历史源流,将其源头诉诸古希腊时代,其流变包括罗马共和国时代以及后来的中世纪王权危机中产生的治理权和审判权的分殊以及因此而导致的近现代宪政主义的最终确立。本书的两个主要概念是治理权和审判权,麦基文将西方宪政史化约为治理权与审判权平衡史,并认为西方宪政架构之所以获得成功,核心原因就在于治理权没能僭越审判权,而审判权则是捍卫自由和权利的核心堡垒。麦基文特别注重治理权、审判权之争背后更深的精神性原因,认为没有宗教纷争就不可能有近现代的宪政。

六、斯托纳：《普通法与自由主义理论》

本书激发人们重新思考现代政治思想史和美国宪政思想史背景中一个重要的却被人忽视的维度——普通法传统。本书作者斯托纳认为，美国的宪政主义是两种截然相反的思想流派的奇怪混合的产物，这两个流派是：爱德华·柯克的著作所表明的英国普通法传统与托马斯·霍布斯的著作中所表明的早期自由主义政治哲学。作者认为在一个政治体制中，我们所期望的法官依赖于大众主权和基本法理念约束的法律秩序。

七、卡尔·施米特：《宪法的守护者》

卡尔·施米特差不多是 20 世纪政治哲学界和公法学界最有争议的思想家，身上有以下标签：保守主义公法学家、政治学家，纳粹桂冠法学家，政治神学家，天主教大公传统的守护者，自由主义的最大敌人，也有说自由主义的隐秘朋友等等，不一而足。《宪法的守护者》不是施米特的代表作，而是一篇匡扶时政的论战性文字，在魏玛宪政风雨飘摇的时刻以"政治决断论"的非主流面目来挑战公法学界主流的规范法学。《宪法的守护者》最早作为单篇论文发表于1929年，驳斥的是凯尔森的一篇相关论文；后经过扩展，再以专著的形式出版于1931年。同时，在1931年，凯尔森出版了一本专著《谁是宪法的守护者?》，来回击施米特，从公法学专业理论上证明比施米特技高一筹。其实相关论战文字最好有一个汇编翻译，可惜目前汉语学界只能看到施米特的这一篇文字。

八、哈耶克:《自由秩序原理》

弗里德里希·奥古斯特·冯·哈耶克（1899—1992），奥地利经济学派传人，与以赛亚·伯林齐名的20世纪消极自由主义代表人物，1974年诺贝尔经济学奖获得者。他的学术贡献远远超出经济学，涵盖范围从纯粹的经济学到理论心理学，从政治哲学到法律人类学，从科学哲学到思想史。他对我们关于至少三个领域的理解做出了重大贡献：政府干预、社会主义的经济后果及社会结构的发展。哈耶克出身旧奥匈帝国贵族，生于维也纳，在维也纳大学完成学业并任教，先后师从维塞尔和米塞斯。本书是自由主义思潮的最重要的经典之一。作者从自由的概念出发，探讨了自由同社会伦理的多维度的关系，从而论证了自由在社会实践当中的价值所在。作者给予自由同法律的关系问题深切的关注，他提出了一个扩展的社会的制度架构并进而探讨这种制度架构背后的正当性问题。在本书的第三部分，作者更是就福利国家的自由问题进行了有益的探讨。

九、伯尔曼：《法律与革命》

《法律与革命》是埃默里大学和哈佛大学法学教授哈罗德·J.伯尔曼集四十年心血写成的一部力作，着重研究"西方法律传统"的形成因素。该书分为两部，第一部论教皇革命与西方法律传统的形成，第二部论新教改革与西方世俗法律制度的形成。伯尔曼打破了西方人通常的历史观，重新界定了"西方"、"西方法律传统"和"革命"这样一些关键词。他将现代西方文明和法律制度的根源追至11世纪的"教皇革命"，亦即将现代性的起源归根于中世纪的政教之争；其后，16世纪的"新教革命"又将孕育在宗教外衣下的现代性予以世俗化，从而生发出现代世界的种种文明表象和制度建构。这一现代性的展现过程也是一个不断"革命"的过程，它蕴含了从"教皇革命"、"新教革命"直到"法国大革命"和"苏俄革命"的全部历程。革命从正反两反面塑造了现代世界的面貌。

十、拉德布鲁赫：《法哲学》

古斯塔夫·拉德布鲁赫（1878—1949），20世纪德国影响最深远的法哲学家和刑法学家之一，本书是其代表作。他一生曾两度出任魏玛共和国司法部长，又长期遭到纳粹政权的排挤和压迫。他的法哲学源于新康德主义哲学，是新康德主义马堡学派在法哲学方面的代表人物。拉德布鲁赫信奉前启蒙的理性主义和非科学理论结果的相对主义。这种理性主义在理性地揭示终极矛盾的任务中，同时看到世界并不能完全为理性所化约。相对主义是民主在思想上的前提：民主拒绝把自己和确定的政治观点视为等同，而是准备将对国家的领导委托给任何一个能够获得多数支持的政治观点，因为它没有找出一个衡量政治观之正确性的明确标准，也不认为可能存在一种超越党派的立场。相对主义认为，没有一个政治观点是可以被证明或者是反驳的；相对主义同时给我们传授了对自己观点的坚决性和对相反观点的包容性的认知。

（原刊于《博览群书》，2013 年第 1 期）

中国文明史中的上帝信仰问题

——在杨鹏《"上帝在中国"源流考》讨论会上的发言

杨鹏是我的老朋友，他以前研究过老子，出版了《老子详解》，同时积极参与当今中国的社会建设，曾经担任过阿拉善基金会的秘书长，前年出版了《为公益而共和》，后又参与壹基金，目前是这家著名的公益基金会的秘书长。总之，在我的心目中，他是一位思想和实践并行不悖的知行合一的人物，也是中国当今最为稀缺的人才之一。前天收到出版社快递来的这本《"上帝在中国"源流考》，我委实有点惊异，不知道这位仁兄何时开始思考上帝的问题，并且写作出版了这部具有非凡意义的专著。刚才听到诸位教授的发言，很受启发，说起来，这两天我在家还是认真拜读了杨鹏的这本新书，我说它意义非凡，不是捧场之词，而是站在我的思想理路的角度上的有感而发，可能与赵晓、唐际根、陈明等人的发言视角有所不同，下面我略作陈述。

首先，就这本书的性质来说，我认为它属于一本宗教社会学著作，即从韦伯意义上的宗教社会学来考察"上帝在中国"的历史源流，以及中国古代典籍中的上帝信仰问题。这个命题若放在纯粹的学术层面，尤其是民国前后的相关研究来看，可以说，从事此类研究的学者并不少。从不同的角度，诸如宗教学、哲学、历史学、文字学，乃至政治学、思想史、文化交通史等等，都有著述与研究，民国前后刊布、出版了大量的相关著作，这个我们可以从杨鹏的注释索引中管窥一二。只是这个学术传统在新文化运动之后，尤其是 1949 年新中国成立之后，遭到猛烈批判，并彻底遗失掉了。从宗教社会史的角度来看，这个问题也得到了历史考古学的反复验证，在人类的上古、中古时期，上帝崇拜、上帝信仰是一件极为普遍、非常正常的事情，任何一个文明民族，一个能够存续的历史民族，都必然伴随着自己的上帝信仰，这是一种文化与精神的诉求，是一个民族、一种文明得以存续的内在力量。所以，上帝崇拜与上帝信仰历来为古典历史学所重视，并在现代学科分殊之后，转化为宗教史、文化史的重要内容。这一特征是普适性的，不仅中国，西方也是如此。可以说，任何一个稍微有一点文明成就的民族，都必然有着一个从自然崇拜、祖先崇拜演化为上帝信仰、上帝崇拜的过程，即从原始宗教到自然神宗教，乃至一神教的过程。这个一神教，叫"上帝"也好，叫"天"也罢，不同地区、不同语言的称谓是不一样的，但其实质却是相类似的，即信仰一个具有宇宙主宰性的最高者，他是现实生活、现实制度和现实心灵得以维系的根基。如此看来，这个主题是中国文明史，乃至人类文明史的一个中心议题。

从上述学术视角审阅杨鹏的书，虽然不无意义，但也并不显得特别，甚至从学术性和科学性来说，《"上帝在中国"源流考》可能还不如老派专家的文字考辨和田野调查做得原创和系统，全书使用的基本上都是二手文献。如果把此书置入这样一个学术思想的脉络中，我只能说，固然它有一定的学术意义，但也没有什么了不得的价值。相反，我认为我们不能从宗教社会学以及学术性的角度来审视这部书稿，这样做反而会低估这本书的意义。因为正像杨鹏刚才所说的，他写此书并非是做纯粹学术意义上的研究，不是为了知识而知识，以我对他的了解，此书乃是基于关注当今中国人的心灵世界，是为这个日益世俗化的民族，寻找精神重振的生命源泉，所以，从思想建设、学问之道以及社会实践来说，这本书就具有了特别的价值与意义，这也正是我重视杨鹏的要点所在。如斯考察中国洋洋洒洒的传统文化，辨析古代中国人生命中的上帝信仰，以及接续民国前后学术思想的遗脉，就会有一系列问题值得我们深思。为什么这个中国传统中的上帝信仰在后来的历史中逐渐地衰落了？这个心灵世界的遗忘对于当今的中国知识界和思想界意味着什么？舍去此，未来的中国文化究竟朝何处去呢？

其次，我沿着上述的思路，围绕着杨鹏这本书的现代意义，展开三个层面的回应，或从三个维度上予以讨论：一个是上帝信仰与儒家的关系，一个是上帝信仰与中国基督教的关系，第三个便是上帝信仰与中国现代启蒙思想的关系。我认为，这三个当今中国知识界中的主要思想流派，从某种意义上呈现着或反映出中国人心灵生活的某种本质性图景，而上帝信仰与这三个思想流派的关系，恰恰表明这个问题远没有解决，甚至还随着中国面临现代性的挑战，日益深刻地处于心灵纠结的精神困境之中。关于前面两个层面的关系问题，赵晓和陈明两位教授刚才的发言都分别予以评述，我的观点与他们有异有同。进一步的梳理我下面再谈，现在我要先谈一下上帝信仰与启蒙思想的关系，尤其是上帝信仰与中国自由主义的关系。

上帝信仰在三千年来的中国文明史中日渐稀薄，这与儒家思想的正统地位之确立有关。但是，儒家实质上并不排斥上帝信仰，说起来，上帝信仰的湮灭和凋敝与晚近以来的新文化运动有着内在的关联，或者说，与中国 20 世纪以降的启蒙思想之潮起和强劲开展有着必然性的关系。启蒙思想与上帝信仰究竟是一种什么关系呢？这个问题值得深思。现今大家一谈到启蒙思想，马上就会联想到反封建专制和神权礼教，以为后者是一些蒙昧、落后的东西，启蒙就是要破除这些旧思想、旧礼教和旧制度，把人的价值、人性的东西展示出来。这个启蒙的思想运动从西方到东方，持续了数百年，直到今天，在中国还有着强大的社会基础。在这个思想谱系的笼罩之下，所谓上帝信仰之类的东西，自然就属于理应被清除的思想痼疾，一并要扫到历史的垃圾堆里了。我在多篇文章中一再指出，启蒙思想作为早期现代的一种思想潮流，其进一步的演进呈现为两个截然不同的路径，自由主义和社会主义两股强劲的现代思潮都是从启蒙思想中发育而来的，它们共同的思想渊源是人文主义和启蒙思想，即以人为中心和以理性为标识的思想潮流。

所以，在当今的中国思想语境下，谈上帝信仰的重新反思问题，就首先要区分两种来自启蒙思想的理论遗产，要分别针对自由主义和社会主义两种理论来谈，因为它们在今天已经截然不同，甚至处于对立的意识形态之斗争中。下面我们先来看看自由主义。自由主义首先是一种基于个人权利与自由的政治理论，其思想的中心议题是人权保障与宪政制度和市场经济，总的来说，是有关人的权利哲学。尽管自由主义的产生与发育与反对基督教的神权专制有关，但自由主义并非本质上是与上帝信仰相敌对的，甚至从自由主义的思想与制度的演进史中，我们可以清晰地看出，自由主义与宗教信仰传统有着密切的联系。宪政制度的一个渊源就是中世纪的教会体制，英美权利宪章背后有着悠久的高级法（自然法和神法）的超验价值的支撑。杨鹏刚才在发言中提出一个重要的定义"有信仰的自由主义"，我觉得他道出了自由主义的根本特征，即自由主义应该是一种厚的自由主义。人性的尊严、权利的保障、宪政的秩序、自由的生活，这一切最终都系于人要过一种精神性的信仰

147

生活。上帝信仰问题对于自由主义来说，不但不是一种障碍，反而是一种提升，一种维系个人世俗生活不至于沦落为动物性的文明力量。因此，有信仰的自由主义是自由主义得以持续发展并保持其生命活力的根本。

遗憾的是，中国百年思想脉络中的自由主义，并没有深刻地意识到上帝信仰与自己生死与共的关系，而是一味沉迷于启蒙时期的薄的自由主义，把反神权的理解教条主义化，以为自由主义就是固执于个人权利本位，以自我为中心，殊不知启蒙时期的自由主义只是自由主义发展史中的一个特殊的阶段。没有信仰的自由主义只是自由主义的一种初级形态，有信仰的自由主义，把个人权利和自由与一种鼓舞人向上的信仰力量结合起来，才是自由主义的根本，才是自由主义的思想与制度得以存续的基石，才是人性尊严得以坐实，权利与自由赖以捍卫的凭证。从这个意义上说，我觉得杨鹏此书对于中国的自由主义具有格外重要的警示价值。固然当今思想界畅言的启蒙与再启蒙是必要的，但今天的启蒙已经完全不同于五四新文化运动时期的启蒙了，知识与理性也并不是不为人们所知晓。今日的反思启蒙，所迫切需要的乃是如何在权力嚣张、道德沦落的境况下，重新捍卫人性的尊严和自由公义的生活，而这不仅需要理性和知识，更需要心灵的净化与力行的精神，这些显然需要信仰的支撑，需要上帝信仰这样的灵魂之鼓舞的力量。"上帝在中国"这样一个命题的提出，显然就不仅是一种历史知识论的源流考辨，即梳理出古典中国时期的上帝信仰是普遍存在的，并灌注于儒释道的思想源流之中。而且，我认为它对于今天的中国自由主义是富有挑战性的，它在一个更为广阔的思想背景下，提醒自由主义不能仅仅只是批判传统，而是要如何接续传统，即把传统中国的上帝信仰问题，置入自由主义思想理论的内在理路中，并发扬光大，形成一种基于中国历史观的有信仰的自由主义，不再羁绊于启蒙思想的浮萍。

从某种意义上说，人类的心灵是离不开信仰的，关键是信仰什么，如何信仰。社会主义的思想实践从一个侧面反映出这样世俗化的启蒙逻辑的自我否定，即人不能自己成为上帝，无论是谁，哪路英雄豪杰，握有何种权柄，都是有限度的，以人为上帝，到头来不过是一场悲剧，并且最终以喜剧收场。人要有自知之明，在人之上，有浩瀚的星空和无穷的宇宙；人要谦卑与审慎，人的幸福与安康，与上帝信仰而非暴虐性的个人崇拜息息相关。对此，德国伟大的启蒙思想家康德早就指出："位我上者灿烂的星空，道德律令永在心中。"

前面我讨论了上帝信仰与启蒙思想（包括自由主义和社会主义）的关系，下面我再来讨论与儒家传统和中国基督教思想的关系，对此，陈明和赵晓已经有所陈述，我借着杨鹏此书的议题予以简单的回应。

对于杨陈两人的发凡，我没有什么疑义，我认为早期中国，从三代开始，就有上帝信仰，尤其是经过周孔之改造，上帝信仰成为传统中国的一种根基性的思想支撑，奠定了中华文明的基础。我的疑问是其在当代中国的思想意义，即一个未曾经历过一场思想启蒙的儒家，是否能够担负起这个民族的新的历史责任呢？当然，儒家是被启蒙思想，被自由主义和社会主义批判和清算过的，但这不是一场自我更新的革命，不是自我维新的重建，而是外在的铲除。因此，古代的上帝信仰，要步入现代思想与制度的门槛，就必须面对一个如何使得这个上帝真正成为现代心灵赖以慰藉的价值依托的问题拷问。在这一点上，我们看到，各种新儒家的反思是远不到位的。我们要直面百年启蒙思想的历史进程，尤其是全面反省传统皇权专制主义的遗毒，正视个人主义、自由主义，乃至社会主义、集体主义发育生成的土壤。在我看来，这些并不是通过简单拾起一个远古的上帝信仰就可以解决了的。如何让古典的上帝信仰在今天中国的思想语境中重新复活，让一个神圣的东西照亮当下世俗丑陋的个人心灵，让掌权者懂得敬畏，让贫困者得到挽扶，让肉食者知晓是非，让日益分裂的社会真正地实现公平正义，和谐起来。这些问题，杨鹏此书并没有给予深入的富有穿透力的探索，陈明的新儒家也并没有予以深切的挂怀，由此读者有理由询问：古代的上帝信仰，基督教也好，儒家也罢，又与当今的每个人的心灵寄托，有什么关系呢？又与当今的公权腐化，以及优良制度的建设，有什么关系呢？

其实，我对于基督教思想的传播是怀抱支持态度的，我以为任何一种宗教的价值，都有助于改变时下的民情与官场腐败，有益于道德建设，有益于中国文明的更化。我所担忧的是如何调和儒家传统与基督教信仰的关系，这在当今已经不是一个抽象的理论问题，而是现实问题。因为一方面新儒家在积极地推进传统文化的复兴，另外一方面，中国的基督教信仰者在增加。我觉得杨鹏此书的最大价值在于把一个古老的上帝信仰问题，重新激活了，使得不同的思想流派来重新审视我们曾经有过的传统，我们曾经有过的上帝信仰，并由此反思当下的社会思潮以及民众的心灵诉求。

（原刊于《晶报》，2014 年 8 月 3 日）

温饱论与尊严论

　　前不久收到《同舟共进》杂志的编辑梁思慧女士发来的约稿函，希望我能就时下舆论热议的"尊严"问题写一篇文章，谈谈我们的主流意识如何从"温饱论"转向"尊严论"，并进而呼吁社会民众追求一种有尊严的生活，政府部门约束自身权力的行使，尊重公民的基本权利。我当然理解梁编辑的好意，也知道温家宝总理在年初的春节团拜会中一番"让人民生活得更加幸福、更有尊严"的讲话在国人心中激起的情感波澜。应该指出，改革开放三十多年来，我们已基本告别"温饱"，正在向小康社会迈进，这是一个开始追求更高目标的时期。

　　我答应了梁编辑的约请，准备按照她的命题作文的要求，从正面论述一下我们的意识形态是如何一步步从"温饱论"转向"尊严论"的，看上去这种转变是有道理的，而且我国政府也是这样一步步引导民众的。邓小平指出：

贫困不是社会主义，所以要改革开放，大力发展经济。现在，国民经济发展了，人民的物质生活丰富了，所以"体面劳动"、"尊严生活"之类的说法在生活中开始流行，而国家领导人对此加以倡导，则蕴含了更多的政治意味。"让人民生活得更有尊严"，显然被赋予了更多与公民权利意识相对接的内涵，这是政府第一次公开将个人发展看成是社会发展的前提。"仓廪实而知礼节"、"幸福"、"体面"和"尊严"，这些看似简单的说法，实则意味深长，它表明国家在发展的最高理念方面发生了微妙变化。

然而，当我认真思考这个问题时，却感到这个从"温饱论"到"尊严论"的转变逻辑以及它们对我国的体制转型的触动远不是那么轻易和简单。下面，我试图从社会与政治两个层面来剖析一下"温饱"与"尊严"的多少有些悖论性的关系，也许正是这种"悖论"或"吊诡"使得时下的体制转型举步维艰。

从社会学、经济学乃至道德学的视角来看，一个社会发展到一定阶段，自然会生发一种讲究体面、尊严和德行的诉求，它们既符合基本人性要求，也与一定的经济基础和社会环境有关。从这个意义上说，从"温饱论"到"尊严论"的转变或进步是自然的，也是必要的，而且是必然的，由此社会治理应该遵循这种社会发展的客观规律，因势利导，从而逐步实现一个所谓的幸福社会。

但是，问题在于，人并不仅仅是社会动物，而且还是政治动物，这一点早在古希腊的思想家亚里士多德那里就被揭示出来，并且成为其《政治学》的基础。什么是政治动物呢？说到底就是公民，人作为人的根本是公民，而公民不同于一般的民众，这是一种法权资格的确认，即城邦国家在宪法中确立了只有"公民"才是人，才有资格享有人的权利。至于你是贫困还是富庶，温饱还是疾苦等等，这些物质性的生活内容都是不足道哉的，关键在于你是否有一个公民身份，如果有，你就是这个国家的主人，享有公民的权利，这个权利可以使你不但变得温饱，而且从来就不会丧失尊严。我们看到，古典时代，尊严要远比温饱更为重要。这是政治意义上的，也是社会、经济、道德生活的出发点。

古典时代就不多说了，那是一个极其不平等的社会，公民尊严是一种政治上的特权。中西历史都发生了古今之变，我们现在谈温饱、尊严之类的话题，其前提显然是现代社会，我们是在政治上平等的法制社会之下谈这些问题的。关于这个问题，我发现一个很有意思的误读，或至少是一个片面性的认识，即现代社会关于人的发展观念像是真有一个从温饱论到尊严论的演变逻辑似的，这个逻辑或许在经济社会学中有某种客观的勾勒，但我认为它并不全面，而且是外在的，甚至是错误的。因为就西方现代社会近三百年的历史演变来看，任何一个社会或国家的发展，并不是什么先有温饱后有尊严，甚至恰恰相反。从现代政治与法治的视角来看，只有确立了一个自由而平等的现代公民的政治权利，尤其是那些最基本的宪法性公民权利，一个人的温饱问题才有可能真正得到解决。

我们简单考察一下现代社会的发生史，就会看到，从古典社会和封建社会转型到现代社会，现代人的首要诉求，乃是那些与作为一个人的尊严最为攸关的公民权利，即所谓的第一代人权，洛克称之为生命权、财产权和自由权，美国宪法以"权利法案"的形式确立了这些最为基本的人权。那时的人民不是不知道追求幸福、摆脱贫困、经济富庶、生活温饱的重要，但是他们更知道这些都可能是不稳定的，都可能随时被侵犯和剥夺，而追求一种公民权利的宪法资格，塑造一个法治国家，则更为根本和必要。所以，纵观现代社会政治史，公民权利的实现和法治国家的诉求，一直是一条强有力的主线，它们远远高于人们对于经济生活的追求。从理论上说，其实这个逻辑也是得到证明的，即只有建立起一个法治国家，一个公民权利得到宪法保障的社会，一个公平正义的社会才有可能实现，一个市场经济发展和物质生活繁荣的温饱乃至富庶社会才会出现。

回到本义的议题上来，我认为，中国当前社会的问题，不能简单地从逻辑上区分一个先有温饱后有尊严的顺序，尽管这从某种意义上符合经济社会学的一些外在分析指标，但并不符合现代社会的法治逻辑和一种富有生机的经济发展逻辑。我要问的问题是：我们凭什么要谈尊严？是因为我们温饱问题解决了，可以有资格谈尊严了？我想绝大多数人并不这样认为，而是相反：我们每一个人无论是贫困还是温饱乃至富庶，从一开始就有一个尊严问题，只要是一个生命，他就有生命权的尊严问题。我们每一个人需要追问的是：我们的资格在哪里？即我们是否具有一种过有尊严的社会生活的资格，而不论我们是贫困还是温饱或富庶？这个资格当然不是一种物质或经济学层面的，这个资格是政治或法律意义上的，即只要我是一个公民，一个宪法赋予我的享有自由、平等的公民权利的公民，我就有资格诉求尊严，尊严是一种自由而平等的政治权利。

也许有人会说，你没有饭吃，衣衫不整，还奢谈什么尊严。我的回答恰恰是：正因为我处于贫困之中，我才格外需要尊严，需要被当作一个平等而自由的人看待。只有我在人格上确立了不可侵犯的自由与独立，我才能发挥我的能力，去追求我的温饱和幸福。没有尊严的温饱和幸福是虚幻的，满足的只是低级的自然欲望，而且朝不保夕，随时可能被他人或政府官吏的强权所剥夺。只有基于尊严的温饱或幸福才是稳固的、牢靠的，才有价值和意义。

说到这里，涉及一个自然法和自然权利的问题，即我们向谁要尊严，或者说，我们诉求尊严的资格来自哪里？人的尊严从根本上说，不是来自政府，来自他人，而是来自人自身。一个人的生命、自由和追求幸福的权利是所谓"天赋"的权利，不是某人让我活得有尊严，而是我作为人就应该活得有尊严。我可以食不果腹、终日劳作，但我不能失去做人的尊严，这是我的基本人权，是宪法赋予我的权利资格。因此，政府所谓的"让"就不是恩赐，而是尊重。政府和国家干部作为公权力的行使者，其职责就是尊重每个人的生命、自由和财产等基本权利，尊重每个公民的人格尊严，无论他们是亿万富翁还是平民百姓，每个人就其人格来说，都是平等的，这才是真正的法律面前的人人平等。

这样一来，有关尊严的主客体关系就发生了变化：我们不是向政府乞求恩赐，而是相反，我们自己就是主体，尊严是我们自己内生的政治品格，我们有资格要求政府尊重我们的尊严，并且依法保障我们的尊严不被恶意侵犯。为什么我们有这样的资格呢？因为我们的政府是人民的政府，是依法组成的权力机关，而法律是根据宪法和人民代表大会的决议制定的，是人民同意的法律。中国的各项法律，尤其是宪法规定了公民的各项基本权利，把人的自然权利法律化了，即从法律上确认了公民的生命权、财产权、自由权和追求幸福的权利。基于这些法律，我们每个人显然都有充分的资格要求政府机关尊重我们的人格尊严，政府也有责任和义务落实宪法和各项法律，尊重和保障每个公民的人格尊严，约束自己的权力。

值得注意的是，在中央党校 2010 年秋季学期开学典礼的讲话中，国家领导首次强调指出，马克思主义权力观概括起来是两句话：权为民所赋，权为民所用。他要求领导干部不论在什么岗位，都只有为人民服务的义务，都要把人民群众的利益放在行使权力的最高位置，把人民群众满意作为行使权力的根本标准，做到公道用人、公正处事。如果我们进一步引申的话，其实"权为民所赋"就有一种政府权力源自公民权利赋予的自然法思想。这里涉及两种"权"，一种是政府权力，一种是公民权利，政府权力是人民赋予的，人民利益只是公民权利的表现，关键还是公民权利本身，它才是"让人民生活得更有尊严"的基础。

通过上面的简单分析，我们看到，温饱与尊严的问题是两个不同领域的问题，前者主要是经济学和社会学的问题，后者是政治学和法学的问题。从经济社会学的视角看，先解决温饱后解决尊严，这样说和做是有一定道理的。但是，从政治法学的视角看，恰恰相反，只有确立了公民的权利资格，才可能促进良性的社会发展。

所以，新一轮的改革，不能重走通过经济带动政治的老路，而是需要旗帜鲜明地进行改革，经济的归经济，政治的归政治。就尊严问题来说，不是富裕了，人们衣食无忧了，才出现什么尊严问题。尊严不是奢侈品，而是人作为人的根本，经济与生活状况，并不是一个人有无诉求尊严的依据。相反，我们每个人本来就有诉求尊严的资格权利，这个资格既来自自然法，又来自我国的宪法，是它们赋予了我们向社会诉求尊严的公民权利。而它从另外一个方面又保护着我们的社会繁荣，保护着我们每个人的物质生活，不受外部强力的侵犯。

要使我们社会中的每一个人都晓得，我们的尊严，不是来自温饱，而是来自权利，权利是我们作为公民获取尊严的资格。我们有什么"资格"谈"尊严"，这个资格就是权利，权利不仅仅是写在纸上的，而是一种力量，需要我们为此而斗争。从"温饱论"到"尊严论"只是一种有关中国社会的表面的描述，并不关乎中国公民社会的本质。从"尊严论"到"温饱论"，或者换一个说法，从洛克的《政府论》到亚当·斯密的《国民财富的性质与原因》，才是一个现代社会的本质叙事。

（原刊于《同舟共进》，2010 年第 11 期）

做一个有思想的法律人

《重大法苑》的学友来函希望我能为新一期的刊物写一个刊首语，我感到颇为踌躇。说起来自己学习法学的时间并不长，对于法律的精义并没有多少深入的体认，我能为年轻的朋友说些什么呢？关于法律是什么，关于如何做一个法律人，我想很多人都说得很好了，尤其是前不久读到的台湾大律师陈长文的《法律人，你为什么不争气？》一书中马英九所作的序言——"法律人的'希波克拉底之誓'"，把法律人所应秉有的正义护法、勇于担当的职责描写得格外透彻。对此，我无须赘言，我想在此与同学们共勉的是另外一个问题，即如何做一个有思想的法律人。

说到思想，也许有人会说：谁没有思想呢？在现实中生活，每个人都有思想，都会考虑各种各样的问题。我这里所说的思想，不是指这些，甚至不是指大学里的法理学课程。一个法律人的思想，在我看来，乃是指一种明辨善恶的智慧，一种厘清制度的哲思，一种把握尺度的能力，它促使我们在定纷止争、权衡利弊、裁量是非之时，能够达到一种超越的境界。

我曾经分别在中国人民大学和北京大学的法学院主持开设过一门西方法律思想史的课程，感到今日的大学法科教育，大多为名目繁多的工具性的技术课程所充斥缠累，无论东西方各自传统中源远流长的法政人文精神，似乎已经被放逐，以致学子们的心灵很难感受到在技术之上还有更高的精神，在法条和制度之中还隐含着思想的潜流。我主持的这门课程便是期盼在法学主流教育的边缘，开启一扇窗帘，让同学们在经历了一番法科专业的学习因而具备了一双法眼之后，再滋生出一颗慧心，由此来审视、聆听古往今来法政前贤们的思想教诲，探讨法之为法、制之为制、道之为道的真谛。

当然，我从来就没有否定技艺在法学教育和法制实践中的重要作用，法科是一种经世致用的学科，法条、制度以及相关的专业技术知识是十分必要的。我的主张乃是，在此之外，还应当让同学们感受和学习到思想、精神的底蕴。我们知道，任何一个法治昌明的民族，都蕴含着强大的法制文明和醇厚的思想传统，法学之道是技艺和精神的交融，所谓"法意"所指陈的便是法的精神源流。我们的时代正处于一个转型的变革时期，很多问题都需要法律人参与解决；但是，书本里的专门知识是远远不够的，甚至单纯的工作经验也是力所不逮的，它们需要思想的洞察力，这就对法律人提出了新的要求。因此，学着做一个有思想的法律人，意味着不仅要具备专业性的法科知识，还要具备把握法律知识背后事务的思想能力。

《重大法苑》是同学们自办的法学丛刊，我有幸读过几期，感到其中饱含着年轻学子的求学热情和智识努力。衷心希望同学们在求学的路途上器、道并进，在未来的事业中，不仅做一个富有正义感的法律人，而且做一个有思想的法律人。

（原刊于《重大法苑》，第3期）

光荣革命后的英国王室与贵族

第三十届奥运会在伦敦举行，可是据调查，英国民众认为 2012 年最重要的事是伊丽莎白女王登基六十周年。自从光荣革命奠定英国君主立宪制以来，英国的王室和贵族在现代社会的转型中发挥了怎样的作用，为何如此受民众的爱戴和尊崇？北京航空航天大学人文与社会科学高等研究院高全喜教授指出：英国的国王、贵族并非站在人民的对立面，他们恰恰在英国现代民主制下，承载人们对文明、秩序、传统的寄托。（访谈记者：黄晓峰、董成龙）

英国光荣革命之后，他们的贵族发生了什么样的变化？

高全喜：英国前现代社会的贵族，也就是标准意义上的封建社会的贵族，是旧贵族；现代社会中的贵族，是新贵族。在光荣革命之前，英国的两大皇族兰开斯特家族和约克家族之间爆发玫瑰战争，导致旧贵族所剩无几。因此，伴随光荣革命新兴的上层中产阶级，以及旧贵族中的小贵族，两者合流就构成了新贵族。通过剥夺旧王权制下的天主教财产，以及给予当时国教新财富和新特权，新贵族真正成为具有现代意义的贵族，而不再是以土地经营方式为主的封建贵族。

王权作为贵族制的象征，而新贵族是两方势力的合流，在英国转型中起到了承前启后的作用，一方面代替了旧制度中的老贵族，另一方面也不同于新兴的市民阶级，成为英国社会转型期的中坚力量。新贵族代表了当时最有创造力的生产方式，当时的贵族是土地所有者、国教人士、军官、银行家、大商人，是英国持续近百年过程中的精英团体，是社会的主导。

其实美国社会从某种程度上说也是贵族政治，属于隐秘的贵族政治。因为美国是新世界，没有历史包袱，所以不存在封建贵族，但这并不表明美国不会在自我生长中发展出精英力量。美国没有英国那样因为血统而产生的权力精英，但美国仍然是精英统治，美国总统的权力要远远大过英国国王。只是美国的参议员、众议员和其他政治家不由血缘关系连接，他们仍然是少数人，仍然遵循着"精英"圈子的特定规则。

在英国社会，贵族与国王和人民是如何协调在一起的？

高全喜：英国议会有三个部分：国王（王在议会）、贵族院（上院）和平民院（下院）。光荣革命之后英国的人民主权以议会主权的形式出现，因此议会的组成也就是"人民"的内涵，"人民"不是抽象的概念，而是体现在议会中。因此，议会的三部分也就自然地成为英国"人民"的三个肉身。国王、贵族并非站在人民的对立面，而是人民的一部分，他们都是人民主权的代表，国王是象征性代表，议院是选举性代表。

从这个意义上讲，英国议会内部的斗争与妥协，始终都是人民内部矛盾。17世纪是建立君主立宪制，实现了君主、贵族和资产阶级的平衡；18世纪就完全是虚君共和了，新兴资产阶级逐渐壮大，平民院成为主导，组织责任内阁，三方权重向资产阶级倾斜，这也就促成贵族与国王的联合；18世纪末著名的英国父子首相皮特，就是当时兴起的资产阶级杰出代表；19世纪之后，无产阶级兴起、壮大，工人运动兴起，妇女权、劳动保护权等问题也不断提出来，促成国王、贵族和资产阶级的联合，但他们仍然向无产阶级妥协，权重逐渐向无产阶级倾斜，《济贫法》等社会福利政策出台；到了 20 世纪时，他们又与无产阶级和解，建成福利国家。不管各方势力的意见分歧有多大，辩论多么激烈，国王和贵族始终都是人民的一部分，虚君只是共和国的一个侧影而已。换言之，光荣革命后，君主制在英国不是政治问题，而很好地转化为文化问题；贵族不再是一种权力阶层，而是一种尊称，一种社会秩序的象征。他们维护了文明、礼仪、等级制下的尊严感，在这个符号下逐渐沉淀为文化传统的普遍认同，就像荀子说的"化性起伪"。有了这种绅士阶层的担当，社会便不会出现资产阶级的狂飙突进。

我们可以看出，近现代以来英国几乎是用一个世纪的时间只解决社会发展中一个重大的阶级问题，促进社会转型。在这个意义上英国的光荣革命是渐进式的，一轮一轮的，仍在进行着。它从来没有考虑过要一劳永逸，用几十年甚至上百年的时间努力消解而不是破除一个问题。

而法国则不同，国王路易十四彻底制服贵族，贵族成为国王的从属，直接面对的是第三等级的兴起，贵族（教会和土地所有者）被排斥，只有第三等级才是人民，其他等级都是人民的敌人。法国大革命推翻了贵族制，国王自然也被推翻，人民随后又分裂，各个自称代表人民的派系在为"谁是人民的真正代表"斗争着。最后拿破仑顺势而起，消弭了人民的分裂。拿破仑败后共和国又起，但共和国是疲软的，拿破仑三世上台，又恢复了贵族制。自法国大革命之后，法国社会总是经历着贵族制的反复、战争与和平的反复，却从没取得过国王、贵族和资产阶级的三方妥协。英国资产阶级革命的弑君换来了虚君共和，而法国大革命的弑君则换来了更激烈的斗争哲学，不断地重新分配权力和财富。

因为贵族制是君主制的最后依托，没有贵族制就无所谓君主制，贵族必然需要君主做象征，而君主没有贵族则丧失权力依托。因此，法国大革命中贵族制的反复，也是对君主制的反复。

英国的宪法制度总是能够吸纳社会结构中的变化，通过法律变革有效调整各阶层主体的权重。所以英国宪制是一个柔性的和解性的制度。而法国相对则是刚性的结构，以破坏现有制度为手段建立新制度，又不足以使新制度稳定持续地生长、发展，也就会导致新的反动。

那么，英国没有极端的保守势力或要求废除君主制的激进势力吗？

高全喜：光荣革命前后，英国也有激进势力。像克伦威尔的激进共和主义，像边沁的社会功利主义，都有激进的色彩。英国也有斗争，像宪章运动，但它不是"天翻地覆慨而慷"的运动。英国各势力的斗争中彼此会激烈辩论，但到政治抉择的时候则会相互妥协；更值得一提的是，英国已经把这种斗争和妥协以制度的形式固定化了。

保守主义有两种：一种是法国迈斯特式的保守主义，主张所谓"神圣同盟"，是依附于所谓神圣罗马帝国的旧贵族模式；另一种是英国制度内在包含的保守主义，因为英国已经没有老贵族了，所以它没有迈斯特的思想，并非要回到前现代社会的贵族制中。

法国的保守主义就是极端贵族主义，反革命，也反拿破仑，完全要恢复到现代社会变革之前的 15 和 16 世纪，甚至更早的贵族制。这种保守主义才是真正阻碍现代社会的一股力量。不过，这股力量很小，也很快消沉，不再有社会力量支持。只是他们一些思想资源在现代社会会成为可以调用的一些资源。比如现在有些人借助列奥·施特劳斯，试图调用这一资源，其实早就没有社会基础了。

至于废除君主制的说法，并不是没有，但是我们要看到，社会变革的动力是新的社会阶级兴起、发展。英国很好地处理了这个动力与其他传统因素在一个制度框架下较好的结合。对待王室也是如此，纯粹君主制的问题在英国历史上就不是一个中心问题。英国实质的结构就是现代的民主制、共和制，而君主制是在这个基础上加上了文明、文化、传统价值的寄托，是锦上添花，所以到现在也没有多少人要废除君主制。英国王室在英国国民心目中的尊崇地位，是历史的延续，美好的东西能寄托其中。

我们是否可以说，英国的贵族和王室的存在，在某种意义上是精英统治呢？

高全喜：一个社会总是有精英和普通老百姓的，社会的治理，总是要由精英来立法和治理，这是一个优良的政府必不可少的，但这并不等于反文明啊！人民寻找出最优秀的群体和个人来治理国家，符合最大的民主原则。治理者只是受托者，而不是主人。不过要强调一点，精英的这种优秀，不是基于血缘的，而是基于能力和德性的，而且人民可以罢免。因此，它虽然是精英制的，但是却向所有的人敞开。18世纪之后，英国社会中血统论已经淡化了。

英国贵族实行嫡长子继承制，这当然是靠血缘关系的。但并非所有的贵族都是贵族院成员，在贵族中也进行选择，或者说，贵族内部也要采用代议制。

而且，随着历史推演，上院的权力逐渐缩小，因为政治活动的主体——政党和内阁都在下院。上院变成象征性、荣誉性的机构，但从权力配置来说，他们的作用还是必要的，当一些重大法律事件发生，如罢免、弹劾时，上院就能成为制约选举政治、政党政治的有效因素。这正是人民所希望的，因为选举政治和政党政治有其短视性和一时的激情，需要受到制约。到布莱尔为首的英国工党推行了一系列限制上院的法案时，上院的权力就所剩无几了。

您之前提到法国对君主制和贵族制的反复，这似乎反衬出英国对传统的独特态度。

高全喜：西方现代政治思想有一种很有意思的研究路向，将国家比喻为身体（body politics），一个社会就像一个生命有机体。霍布斯、卢梭都曾很生动地使用这种譬喻。国家就像身体，社会转型就像治病救人，不能依靠割除某个器官而改变，而是通过缓慢的新陈代谢，让血液更新，这就使历史性不被中断，使文明和生活方式在既有生命的延续中变化。也就是说，真正富有成效的、目前已经胜出的、具有扩展优势的现代社会一定要有保守性的内在品质，而非以否定性为前导的、破坏性的、革命式的暴风骤雨、闪电霹雳，这是目前对现代化的历史性理解中忽略的一点。英国就是以这样旧瓶装新酒的方式完成了变革，我称之为保守的现代性，渗透了传统精神的现代生活；光荣革命就是"革命的反革命"——它在社会结构和价值取向的意义上，起到了革命的意义，同时却抑制了激进革命的发生。这是英国人作为政治成熟、文明发达的民族所具有的智慧，以审慎原则完成了从前现代到现代的转型。而法国向现代社会的转型方式是疾风骤雨的大革命，其诉求是斩断传统、建立全新世界，但迎来的却是社会的持续动荡不安，它的结果是法国几百年都不能被整合起来。它高昂的革命成本最终没有使旧貌换新颜。直到第二次世界大战后，法兰西民族才真正建立较稳定、优良的政治体。虽然第二次世界大战后，英国本土由日不落帝国降格为世界二流国家，但它的这种现代社会创制模式却得到全球普遍推广，成为社会治理的一般模式，实际上扩展了英国的政治生命。还须牢记的是，虽然全球社会是多元文明的，但它的基本底色是英国所提供的。比如，唯有英国在退出殖民地之后，为殖民地留下稳定持续的繁荣，如加拿大、澳大利亚。我们今天去英美，往往有一种莫名的感动，这不是震惊于摩天大楼和先进的科技，而是在现代生活中看到了没有被断裂的传统生活方式，这种传统不是贫瘠、愚昧和迷信的，这种传统的脉脉温情与现代文明的理性机器很好地融于一处。换言之，现代的传统和传统的现代融合在一起，这就是一种符合人性的社会转型，在与传统亲密无间的点滴中完成社会进步。

在社会转型中，如何对待传统与现代的关系，英国的历史给了我们怎样的启示？

高全喜：向现代转型有三个标志性的革命：英国光荣革命、美国独立革命和法国大革命，这三种革命就是代表性的现代社会建立模式——以光荣革命和独立战争为代表的英美模式，以法国革命和普鲁士崛起为代表的欧陆模式。这两种模式有几个主要内容，一是基本的社会结构及其形成的秩序和规则，二是人的生活方式——理念、文明文化的生长，个人与社会的关系等。这两种模式直至20世纪下半叶才真正合流。

许多人以为出国留学、旅行就是理解西方。这并不完全，这种对西方的平行观感并不是西方的全部，我们看到的西方只是当代西方，我们还要去捕捉它的演变过程，即从前现代社会到现代社会的转型过程。现代社会在一些方面优越于古典城邦社会和封建社会——无论是物质财富的生产、社会治理的效能，还是个人权利的保障。这是大的叙事模式，是进步论的叙事，我基本认同这一抽象勾勒。这不表明我认可进步论叙事和革命叙事所得出的结论：现代就必然是反传统的，传统就必然是反现代的。理解现代国家中的传统因素极有助于我们研究西方社会。

每个国家的转型都有其特殊性，英国自然不例外，但不可把这一观点推行极端，过分强调英国独特论。整体来看，英国是从前现代到现代社会转型的典型代表，在这一转型中蕴含了普遍性的制度原理、生活方式的变迁和价值观念的演变，还有以 1688 年的光荣革命为标志，西方进入真正开始塑造现代社会的过程。在这之前，可以称之为现代社会的酝酿期。此后，无论是社会结构、法律制度，还是生活方式、价值观念等方面，甚至包含人性的变化，西方全面进入到现代市民社会。

　　总之，透过英美现代社会，应意识到固然有民主议会、选举制度、发达的商业运作，这是现代社会的基本内涵，但这不足以成为真实的现代。真实的现代还需要传统的因素渗透其中，作为精神内涵，调整现代性的路径不使其迷失方向。

（原刊于《东方早报》，2012 年 8 月 5 日）

中日关系的制度与文明视角

——在第四期 ipk 论坛"甲午两甲子与东北亚关系"
恳谈会上的发言

感谢马立诚和陈剑两位先生的邀请，来参加这个会议。我不是历史学家，也不是国际关系学家，所以，关于甲午战争以降的中国近现代史和围绕中日韩关系所形成的东北亚关系，我没有成熟和专业的观点。下面，我仅就中日关系这个主题，谈三点"卑之无甚高论"的看法。

第一点，历史地理解中日关系。我觉得谈中日关系以及近现代的东北亚关系，应该有一个历史的维度，尤其是政制史的维度。我们知道，中日近现代进行了两场战争，一场是甲午战争，一场是 20 世纪的日本侵华战争。两场战争历经一个甲子，其背景是有所不同的，因此我们要有一个世界格局的大视野。

关于甲午之战，从中国政制的角度来说，我们还没有融到世界格局之中，面对的是一个西方列强主导的世界格局，而日本由于成功地进行了明治维新和国家建设，已经忝列为世界格局中的一员。所以，这是一个政制上不对等的国家之间的战争，一个是传统王朝体制，一个是民族国家体制，结局是具有某种必然性的。因此，中国在战争失败之后，促使朝野开始变法图强，由此拉开了历经一个世纪的古今之变，这是一个社会形态的大转型。

但是到了 20 世纪上半叶的中日战争，中国的抗战建国以及延伸到后来的朝鲜战争，我们看到，其背景是大不相同的。当时的中国，虽然国家能力方面还很孱弱，但已经是一个现代国家，这场战争是两个民族国家之间的战争。最后的结果是，中国融入世界格局，成为联合国的常任理事国，而东北亚关系基于第二次世界大战后的雅尔塔体系，虽然此后形成了冷战格局，中国被裹挟其中，但就今天来看，中日关系以及东北亚诸国之关系，仍然在雅尔塔这样一个大的框架下。所以，正视雅尔塔格局，建设我们的国家体制（成为一个优良政体），仍然是今天我们的课题。

第二点，审慎、理性、成熟地看待中日关系。基于上述的历史认识，我觉得谈中日关系，应该摆脱狭义的偏见，甚至放下我们百年发酵的民族悲情，理性、客观、成熟地审视中日关系。在此，我简单地提出三个方面的看法。

首先，有一个值得我们思想界、理论界反思的问题，就是我们如何认识日本，如何学习日本。就像刚才雷颐还有诸位先生已经谈到了，看上去中国人对日本都很熟悉，但实际上，关于日本我们所知甚少，我们的朝野或者精英群体并没有形成一个理性的、清醒的、全面的认识。我在来开会之前的上午，还读了荣剑先生的论文《中日关系二论》，写得非常好。荣剑先生也谈到了这一点，日本有很多值得我们学习的东西，我们并没有真正认识到。

我们知道，中国和日本，都有古典时代和旧制度。可以说，日本和中国在鸦片战争前后，一直到第二次世界大战，都面临着古今变革，即从旧的封建秩序、王朝秩序到一个现代社会、现代政治、现代国家的转型。纵观政制史，我们看到，日本在一百余年内虽然也是历经劫难，但时至今天，已经较好地完成了建设成为一个宪政民主法治的现代国家的古今变革。日本从明治维新一直到第二次世界大战之后，到现在，它的政制构建、法治国家和经济发展，都值得我们好好学习，好好借鉴。放眼东北亚乃至整个亚洲，日本是一个最成功的现代国家，秉有现代国家所具备的自由市场经济秩序、法治宪政和民主制度以及个人自由和强大的国家能力。这些制度上的成功，值得我们深入学习。向日本学习，不是一个单纯的文化问题，在我看来，根本上是一个制度建设问题。这一点对我们尤其重要，因为他们很好地处理了古今之变。

其次，我们看到，日本不仅仅是一个政治、经济上的硬国家，更为值得我们正视和学习的是，它是一个文明国家。关于日本社会的文明程度，关于他们的社会与国民的文明程度，关于日本精神的弘扬，关于法治、民情和礼仪制度，关于日本人的责任心、权利意识和仁爱精神等等，这些关涉文明的丰富内容，我在此无须多说，至少谁都不会否认，日本是一个融汇了古典传统与现代价值的文明程度非常高的国家与社会。相比之下，时下的中国能说是一个涵容古典文明并拥有现代文明的国家以及国民和社会吗？我觉得在这点上也值得我们向日本好好学习。

再次，关于历史的教训。我们知道，日本在现代国家与社会的构建中，曾经走过一段弯路，需要好好反省一百多年的重大历史教训，就是军国主义以及为亚洲乃至给日本自身带来的灾难。这个反省，其实对于我们中国也是有所裨益的。

最后，国际关系的常识理性。虽然我不是搞国际关系研究的，但政治学的常识还是有的，我想谈一下国家之间关系的常识理性。就国际关系层面，我们和日本一百多年纠结很多，应该看到，国与国之间确实有竞争，有国家利益冲突，也有国际关系上的纷争。我觉得在这点上，要从一个大的背景来看，要有一个较为长期的视野。说到国家之间的关系，有合作也有竞争，在合作中竞争，在竞争中合作，这是常态，也是理性的态度。

说到竞争，我认为最终是一种制度上的竞争，是一个有关制度优越与否的竞争。现在大家不太谈制度，光谈经济、军事等所谓硬指标，诸如国家的 GDP，或航母、高科技、先进飞机什么的，这些都是属于器物层面的。关于制度层面的却很少有人谈，我要问的是，中国在关涉一个现代国家的政制、法治和宪制以及国家能力、公民认同、经济活力等至关重要的方面，与日本相比具有竞争性吗？我认为，制度的竞争比经济、军事、科技方面的竞争更重要，因为制度是发动机，是一个现代国家赖以存续的根本。

关于国家之间的竞争，除了制度之外，还有文明。中国和日本在历史传统中，都属于秉有文明的国家。但是，日本完成了现代国家的转型，具有深厚的现代文明的价值与意蕴，已经融进整个世界的大格局之中，并抱有自己的文明属性。对于现代的中国人来说，我们要追问这样一个问题：中国作为现代国家，文明的根基是什么？这个文明是否优越，是否能够与世界潮流和古典传统融汇在一起呢？我认为这个文明国家的问题，是比制度更深刻的另外一个东西。我们现在谈中日关系，不仅要考虑经济、军事、科技等器物层面的问题，而且更要考虑制度的竞争和文明的竞争。中日关系，经济、军事、科技固然很重要，但它们不是根本性的，最根本的是制度和文明。

就上述三个方面，我觉得思考中日关系，应该有历史眼光，要基于理性，要有制度与文明视野。现在，民粹主义和国家主义甚嚣尘上，搞乱了很多问题，很能迷惑人。但知识分子要敢于摆脱狭隘的甚至滔滔的民情之偏见，独立、理性地思考。对此我很赞同马立诚先生的观点，他立足于中日友好、和平相处的视野，研究和对待中日关系，很多看法值得人们好好思考。至于政治家们，我觉得更要在政治上成熟，要审慎地处理中日关系，要有大格局，不要被狭隘的百年悲情和民粹主义、民族主义和国家主义所裹挟，而要秉有清明的政治智慧。其实道理是很简单的，国与国之间的关系，为了什么？落实到最后，不外乎是人民的幸福、和平和有尊严的生活，我觉得这是最常识的理性。不单是中日关系、中美关系、中国和世界的关系，也是这样一个基本的道理：个人的生命、幸福、自由是最主要的，国家之间的关系，最终还是要回归到每个人的生活价值层面上予以考虑，这才叫真正的"为人民服务"。

（原刊于共识网，2014 年 7 月 24 日）

自由主义美德与中国语境

　　早在数年前我就多次撰文谈论自由主义与美德问题。在我看来，这个问题不仅是西方的，也是中国的，而且随着中国社会转型的深入，这个问题将越发凸显，中国的自由主义如果不能应对德性问题，则必然面临着边缘化处境。因为一个社会，不可能仅仅由独立自主的抽象个人组成，个人权利是与社会共同体密切相关的，自由主义呼唤着一个权利的时代。但是，当权利成为个人的护身符时，社会共同体如何维系，公共美德如何形成呢？自由主义应该建立自己的德性理论，应该祛除片面的、教条的权利至上论，自由主义本身就是一种现代性的道德哲学。

　　李强教授主编的"西方政治思想译丛"，选择翻译了斯蒂芬·马塞多的《自由主义美德》一书，我认为它的出版不仅具有理论的价值，而且还具有现实的意义。这本书说起来属于一种我所提倡的"厚的"自由主义，它系统地矫正了理论界对于自由主义的片面性认识，从思想史和理论逻辑的双向层面，把自由主义的道德性揭示出来。在自由主义的理论对手，诸如社群主义、保守主义、社会主义、共和主义等等理论看来，乃至在很多自我宣称的自由主义眼中，自由主义基于个人主义，尤其是个人主义的权利至上的理论基础之上，只是关注消极自由、限制政府权力、捍卫个人权利，以至于导致自私自利的极端个人主义泛滥，公民美德丧失，社会共同体解体。作者指出，上述这些关于自由主义的定位以及指责错了，并不代表真正的自由主义的理论本性。在作者所谓的自由主义的伟大传统，即洛克、穆勒、美国国父们，乃至罗尔斯那里，自由主义的权利理论和宪政民主，与公民美德、社群主义乃至积极自由并不抵牾，而且是它们得以焕发活力的基础。诚如作者所言："自由主义正义与权利建构了并且部分决定了自由主义公民所追求的美好生活的方向、目标与观念。"

鉴于此，作者在书中不是探讨自由主义与美德的关系问题，也不是辨析权利与善何者优先的问题，而是阐述"自由主义的美德"或"自由主义的诸美德"。在作者眼中，自由主义不是孤立的原子式的个人汇集，自由主义能够建构一个现代的社会共同体，而支撑这个共同体的道德基础恰恰是来自自由主义的公民身份、责任担当、宗教宽容以及公共理性等等，这些品质不是像有些人所指出的那样，只是为了实现个人权利，抵御政府权力，其实这些品质是社会性的，是维系现代共同体的道德基础，因此，它们是社会的诸美德。在这一点上，自由主义与社群主义是兼容的，与共和主义也是不矛盾的。所以，作者认为在道德问题上，自由主义不应该逃避，而是应该面对问题，构建自由主义的道德哲学。自由主义不但能够捍卫人的权利，也能提供一种美好生活的理念，自由主义反对权力社会，但诉求公共社会，即建立在理性沟通、相互理解和宽容的基础上的社会。我们看到，作者在本书中的观点体现了一种现代英美自由主义的新趋向，即不再寻求通过社群主义、社会主义、共和主义等思想理论资源来补充自由主义，而是从自由主义内部建构自己的美德学说，这对于 20 世纪以来所谓"薄的"自由主义主流学说是一种富有价值的理论矫正。

马塞多教授虽然调用了罗尔斯、德沃金、哈贝马斯等人的学说，并且接续伟大的自由主义思想传统，梳理出一个自由主义的美德学说，提出了诸如"自由主义的社群"、"自由主义的共和"与"有德性的自由主义"等观念，并且陈列了自由主义诸美德。但在我看来，作者的自由主义还不够厚，关于自由主义的思想传统叙事还不够深入。其实，古典自由主义在厚的自由主义理论构建中，要比当代的自由主义显学恢宏得多、伟大得多，只有它们才足以应对与克服诸如社群主义、共和主义、社会主义的各种挑战。自由主义要建立自己的美德学说和关于美好生活的理念，应该回归传统。这本书开启了一个路径，但远没有完成，古典自由主义在理论上要比多元主义和公共理性深厚得多，搞清楚这个"早期现代"的古典自由学说，那么关于后来出现的所谓社群主义、共和主义乃至社会主义，必然就是自由主义的社群、共和与社会，只是由于 19 和 20 世纪以降的自由主义主流思想越走越狭隘、片面和偏执，所以才把本来属于自己的道德与伦理思想的领地拱手让给了对手。现在是重塑传统的时候了。接续这个早期现代的传统，自由主义就不会为同性恋、吸毒、乱伦和基因技术的正当性背书，伟大的自由主义从来就是保守的，发蒙于传统人伦的思想，权利与德性是自由主义的两个比肩并立的正当性渊源，而适时权衡、决断它们之间的关系，则是考验自由主义的政治与法律之智慧的最佳试金石。

上述问题回到中国语境，其实更为攸关。我们看到，自由主义所诉求的市民社会也面临日趋庸俗化、原子化乃至堕落的危险，因此倡导公民美德也势必要成为自由主义的一种内在责任。所以，关于权利与德性的自由主义，在今日的中国，都是人民迫切需要的。如果放弃了权利诉求，谁来制约政府的公权？如果忽视了美德建设，谁来维系自由的社群和公共利益？那些打着人民、国家和民族的旗号大搞专制的做法，贻害中国久矣，为了捍卫每个公民的权利，在今天的中国，也必须讲美德，但这个美德应该是自由主义的美德，即只有一个自由的群体或社会，才可能孵化出真正的美德。我认为，在今天的中国，从实质上说，古今之辨、善与正义何者优先，都不是根本性问题。在这个社会转型的特殊时期，权利与美德是一体的，是一个硬币的两面，追求权利就是实现美德，实现美德就是捍卫权利。其实，这个道理，在诸多伟大的早期现代的思想家们那里，就是如此。例如，洛克是权利理论的现代开创者与倡导者，但同时也是秉持中世纪德性思想的现代传人，亚当·斯密既有国富论，更有道德情操论，甚至，在中国传统思想中，追求正义制度的礼制学说，与道德良知也是二而一的关系，良制仁学并行不悖。

所以，这本书的价值与意义是多方面的，就中国语境来说，它提示我们的自由主义要走出简单化的权利一元论，正视道德问题的挑战，要学会构建中国自己的自由主义美德学说，从中西两个伟大的思想传统中，从权利论的人性基础方面，从现实权利政治的内在诉求方面，开拓我们的自由主义诸美德，以解决中国当今语境中的"自由主义宪政中的公民身份、德性与社群"问题。

（原刊于《读书》，2012 年第 4 期）

我们何以进入"中国时刻"?

今天会议的主题是"世界历史中的中国时刻"。我们知道"世界历史"这个说法涉及一个时空观的转换，也就是说，整个世界是在地理大发现以后才连接到一起的，这个过程则是伴随着殖民主义和帝国主义而展开的。而中国进入"世界历史"则更是晚至1840年"鸦片战争"之后。当然，中国进入世界历史的现代化过程也是伴随着屈辱和压迫而展开的。百年中国的古今转型、中西的碰撞交汇的这一历史大背景决定了"富强"一直都是中国近代史上最为凸显的主题（即便时至今日仍是如此），用毛泽东式的话语来说，就是"国家要独立，民族要解放，人民要革命"。经过百余年的奋斗，随着新中国的成立，国家独立、民族解放的历史命题算是大致完成了，但是随之而来的却是经济、社会和人民的长期积弱不堪。一直到改革开放以后，经过这三十多年的发展，且不说付出了什么样的代价，目前大体上，经济、社会方面似乎有了一些翻身感。如此看来，政治上我们已经是独立的主权国家，经济上也已经是世界第二大经济体，那么顺理成章地，是不是中国文化也要登场了？比如李泽厚先生的书《该中国哲学登场了？》，以及最近执政党的话语转向和儒学的复兴等等，都表明了这样一种关注。我们这次会议讲"中国时刻"，按我的理解，实际上也是在关注政治立国、经济立国之后的文化立国问题，可以说是有一种类似的立意和用心。

对于上述或隐或显的诉求，我内心其实很纠结。首先，这样一种诉求的出现无疑是和中国近代历史的大背景相关的，而且由于上述大背景，这种诉求的出现甚至可以说是必然的。实际上，自20世纪20年代就已经出现了中国文化（东方哲学）拯救世界这样的命题。这样一个美好的愿景（或说想象），时断时续地也已经喊了近百年，西方有人喊，中国更是如此。这是很正常的，因为无论对于个人来说还是作为一个民族，当受到挫折、屈辱时，都可能会产生这样一种反弹。在这方面，德国也曾面临同样的问题，比如他们在法国军事强权的压迫和强势文化的冲击之下所激发出的狂飙突进运动、浪漫主义运动。此外，日俄等国在一定程度上也都存在这样的问题。这些都可以说是"压弯的树枝"的一种表现。所以，从某种意义上说，谈"世界历史中的中国时刻"，这样的诉求、愿望有它的合理性，而且我觉得也应该有这样的自信。

把经历了古今之变的中国文明放在世界文明的视野之下，确实有助于把我们从两种独断论、两种封闭性中解放出来。一个是天朝上国，骄傲自大，传统的说法就是"华夷之辨"，"非我族类，其心必异"；另一个就是民族虚无主义，自我贬低，所谓酱缸文化，中国人就是不行等等所谓"国民性"问题。这两种心态都是极端的、偏颇的，因为无论是盲目的自大，还是盲目的自卑，都不是真实的。我们今天这样一个主题的设定确实对束缚我们的这两种民族心理有矫正的作用，有其合理性、恰当性。成熟的文明本来就应该有这样的眼界，把自己放在世界历史共同的演进的大视野当中，当然，这个时候就会触及特殊性与普遍性的关系。在传统中国，虽然也有对这一关系的考虑，但它的出发点有问题，那种普遍性还是一种自我感觉良好的所谓"霸道"，是"朝贡体系"下的"文明至上论"，没有和其他国家、民族相"交汇"的平等理性的心态。而时至今日，经过百年的冶炼之后，我想我们应该已经能够具备这样的理性视界，能够把自己放在世界历史中审视其得与失，演进与发展，能够比较客观地看待这一普遍性和特殊性问题。

我们要看到，任何一种文明其实都不是一个恒久的状态，都有它生老兴衰的过程。我们所熟知的一系列文明，都有它辉煌灿烂的时候，也有它衰落腐败的时候。古代中国也是如此，我们传统的农耕文明，且不说它分几期，有几次轮回，大体说来，我觉得是可以和古希腊、古罗马文明相媲美的。但我们今天讲"中国时刻"，是谈"时刻"的特殊意义，而不是泛泛地谈文明，而且应该是一种现代性的时刻，是把中国放在世界历史这样一个时空之下进行审视的，因为当前我们面临的是这样一个涉及现代性的"古今之变"，所谓"三千年未有之大变局"，它本身就是由于西方的"刺激"所引发的。在这个意义上，我们谈"中国时刻"，一定是要把西方诸多文明中的一些关键性特质，把它们的某一个时间段提炼出来，作为和我们对照的一个模型。如果在世界历史的背景之下探讨"中国时刻"，那我们要清楚近代世界历史首先是一部现代性的历史，也就是通常所说的"古今之变"，当然，这里所说的"现代性"不同于德国版本的现代性话语。

"古今之变"并不是中国独有的，它是世界范围的，西方各国也都经历了一个现代性转型的过程。在这一过程中，各国也都在一些特定的时代或者"时刻"作为一种政治、经济或军事、文化力量，很强势地登场，从而形成一些较具代表性的时代，比如法国路易十四时代（或拿破仑时代）、德国腓特烈大帝时代（或俾斯麦时代）、俄国的彼得大帝时代（或叶卡捷琳娜二世时代）、日本明治时代、英国维多利亚时代，但是我们发现，其中只有英国的模式是可持续的，法、德、日、俄等国都在随后摔了很大的跟头，甚至给整个人类带来了深重的灾难。英国的模式为什么能够持久，进而可以说构成了现代性历史的一种正统和主流形态？关于这一点，我在很多文章中都曾谈到过，我认为英国之所以能够做到这一点，是因为它经历一个制度层面的锻造、冶炼之后，首先把政治、经济的骨架搭了起来，也就是说，它是在完成政治立国和经济立国之后，才铸就文化立国。相比之下，法、德、俄、日等国，由于缺少政治立国和经济立国的准备，结果文化立国也出现了这样或那样的问题，如德、日等国的文化甚至出现了严重畸形的演进和发展，并进而反噬政治和经济。政治立国、经济立国、文化立国的次序虽然不完全是机械的、僵硬的，但是我认为，大体上政治和经济是一个现代国家的骨骼、框架，是前提，是本质。

在我看来，所谓"时刻"（或时代），是指文明结果的时刻。英国之所以能有维多利亚时代的辉煌，是由于它在光荣革命时奠定了政治、经济的基本框架，又经过一百多年的发展演变之后，才成就了日不落的大英帝国。前面种下了因，后面才能在某个时代结出果来。而在现代性的场域之下，这个"果"意味着，一方面它是现代的，现代人类社会首先是一个不同于古典时期的新的形态；另一方面它又不是突然冒出来的，它有着丰厚的传统，是经过了现代的经济、社会转型后对旧的传统的重新赓续和发扬。正因为此，英国才能在维多利亚时代结出了硕果。虽然它在从古典社会到现代社会的转型中，的确也曾经发生过无中生有的"利维坦时刻"，但是在英国，这个"利维坦时刻"或"马基亚维利时刻"被洛克、斯密、休谟的政治哲学与政治经济学卓有成效地克服了。也就是说，上述两种政治形态之转型的非常时刻经过洛克的辉格式反革命叙事和苏格兰启蒙思想的文明演进论叙事给予了有效的弭平，从而克服了古典社会与现代社会的断裂。从主流的英美思想来看，他们的市民社会形态、国家政体制度，以及相关的思想意识、生活方式和道德习俗等，并没有显示出与过去生活的全方位的敌对和决裂。一个社会形态的形成与发育成熟，是一个自生自发的演化过程，其中并不存在断裂和革命，任何社会都是一个自由扩展的体系。这样一来，一个包容古典社会于自身之中的现代英国，一路走来，三百年未有终结，成为人类文明演进的典范。

从这样的视角回观中国，我们就会发现所谓"世界历史的中国时刻"还不成立。我曾经在一系列文章中指出近代中国的历史阶段和历史逻辑对应的是西方国家早期现代的过程，中国现代思想与西方早期现代的思想具有逻辑的同构性，所以我一直强调要用这样一个政治逻辑及其历史的同构性来参照对应我们解读西方现代政治思想。如若对西方各国早期现代的问题做一整体的考察的话，我认为它们大体包括以下七个方面：民族国家的发育与建构、新教改革中的现代政治、海洋政治（与威斯特伐利亚和约的隐秘关系）、现代政治的君主论、早期现代的宪政论、早期现代的战争与和平法、现代商业资本主义。

当此之时，所谓的文化（或文明）立国，寻求塑造这样一个中国时刻，在我看来就有点问题。话说回来，像中国这样大的国家，经历了历史的曲折，有这样的抱负是需要的，因为你毕竟希望有重整山河的精神，但光谈肯定是不行的。我们必须正视的一个问题是，中国现在作为一种客观的力量（power）虽然的确已经在世界上有了一定的影响，但是这种登场是不成熟不牢靠的，因为上述许多前提性的东西都尚未具备。在这个时候谈论"中国时刻"，我认为不啻一种空想。我们当然都有这样的愿景，希望这个时刻能够到来，甚至也愿意尽一份职责。但这样的一个时刻不是基于单纯的愿望，或者单纯对传统礼仪、文明的发扬就可以的。秋风所倡导的恢复儒家思想，当然也是一条道路，是很好的，但是儒家本身也要面临着这样的现代性转型问题，因为重提中国时刻，肯定不是要重现唐宋辉煌，它首先是在现代性的背景下发生的。只有确立了合理的现代政制和公平的市场经济制度之后，才能塑造出一个公民社会（或市民社会），才能有文化的繁荣，才能和传统接续起来。所以提这个时刻不一定就是说它马上就到来了。我觉得更重要的是，大家要看到这个时刻到来的前因，并为之做好铺垫、准备。

在这里我们应该充分吸取德国的教训。德国唯心论的文化哲学逻辑恰恰是忽视了这一根本性的要点，它总是试图用思想、文化、意志和精神等主观性的东西超越（政治、法律、经济和社会）制度上的屏障，进而化约乃至轻视政治、经济制度的决定性作用，以此实现它们的历史主体性。殊不知恰恰是上述政治、经济制度上的严重缺陷，使得德意志民族在西方现代性的历史进程中屡屡落后，使得市民社会的自由经济制度，法治宪政的民族国家体制，在他们那里从来就没有正常、成熟和富有活力地发育与成长起来。我在一篇评论张旭东《全球化时代的文化认同》一书的文章中曾提到，与其拷问"我们今天怎样做中国人"，我更看重的是"怎样的制度建设能够使我们做堂堂正正的中国人"，西方的那些时刻，都是有其演变的逻辑和过程的。在我看来，政治的归政治，文化的归文化，相互之间是不能化约的，至少不能轻易化约。按照我的理解，政治（politics）或政制（constitution）是一种组织规则和政治秩序。政治的问题只能通过政治来解决，并且最终也必须落实在政治层面上。

　　我认为，在我们日渐融入现代性世界大潮之今天，所谓"中国时刻"，首先在于打造一个普遍性的优良制度平台，在于为现代中国人的全面发展，为中国人的心灵和精神的自我意识和文化主体性提供一个正义的制度基础，而这恰恰是中国二百年来无数先贤未竟的事业，是我们最为缺失的骨骼。也许有人会说，你所谓的制度，最终还不是需要中国人的精神来建设吗？不是仍然以文化精神为归依吗？是的，我承认是如此，一个丧失了精神的民族是不可能致力于制度建设的，制度是需要今天的中国人用心力、用民族精神来建设的。但是，我要强调的是，这个精神力的现实建设或实践，其首要的目标不是文化政治等精神产品，而是制度产品；不是与现代性的其他民族争一个文化上的高低优劣，而是解决我们自己的制度难题。我们只有真正地建立起这样一个制度平台，真正地步入现代性的洪流（抑或泥潭），或许才有资格谈民族精神、民族文化和文化主体性，才能够从容地迎接这个"中国时刻"的到来。

（原刊于《新产经》，2013 年第 1 期）

启蒙思想传统中的演进路径及其流变

晚近几年，启蒙思想在中国语境下引起了很大争论。大体上可以分为两种不无对立性的认识和评价，一种是持保守主义的批评态度，即基本上否定启蒙思想的各种激进化的观念和思想，认为中西启蒙运动的反传统和革命意识，破坏了一个社会的正常秩序，尤其是破坏了社会的道德观念和政治伦常，致使社会步入一种巨大的震荡与危机之中，这种破坏性直到今天，还没有结束。另外一种对立的观点是肯定与赞扬启蒙运动的作用以及启蒙思想的价值，认为启蒙是变革旧秩序改造旧社会的必由之路，社会的进步需要不断的启蒙。

显然，上述两种观点都有片面性。鉴于此，我们集中分析了启蒙运动与启蒙思想的内在丰富性，集中翻译、研究和倡导苏格兰启蒙思想的历史地位及思想理论的价值，首先矫正当今社会对于启蒙运动的片面认识，即以法国和德国启蒙思想为轴心的认识谱系，而是强调苏格兰启蒙思想对于英美社会的积极意义。其次，基于苏格兰启蒙思想的基本理论，我们直接进入中国当今的思想论坛，对固化的保守主义和偏狭的激进主义，均展开了论战，以凸显基于文明演化论的中道自由主义的启蒙思想理路。

一

反思启蒙问题之所以在中国当下引起思想界与社会舆论界的关注和讨论，不是因为一种知识学的兴趣和历史研究的新热点，而是具有深层次的思想与社会的原因。在我看来，大致有三个方面的问题值得我们注意。

第一，启蒙思想理念的实践失败和制度落空。我们知道，西方启蒙运动是以启蒙思想为先导的社会变革，其有关自由、平等、民主、博爱、权利、进步、公民、革命等一系列理念是与社会的政治、经济、文化的制度实践密切相关的。但是，主流的启蒙思想，即以法国启蒙运动加上德国启蒙思想，其理论和社会的演变，却是非常不尽如人意的。法国启蒙引发了大革命以及无产阶级运动，进而与马克思主义、俄国革命等联系在一起，而德国启蒙则与德意志民族主义和国家主义的兴起不无直接的关系。这些包裹着启蒙思想外衣的社会政治理念，其结果则是与专制极权国家纠缠在一起。显然，二百多年来的启蒙思想历程并没有兑现启蒙思想诸理念的价值和人民的诉求。

回到中国的故事，这种经历就更为严峻和深刻。五四运动历来被视为中国的启蒙思想运动，但它开启的却是一次次社会与政治的革命。

当然，不能把中西两个方面的制度结果归结为启蒙思想，但把启蒙思想视为一种诱因也是成立的，毕竟现代政治社会的思想发轫是从启蒙运动开启的。因此，人们有理由对启蒙思想的负面作用给予清醒的认识，并对其有所质疑。

第二，启蒙思想的激烈反传统意识越来越受到挑战和批判。文明是在历史中建立起来的，而且启蒙运动在今天已成为一种传统。随着民主社会的日渐成熟，人们对于启蒙思想中的激进反传统的诸多观点，甚至理论的锋芒，不再认同。尽管我们承认矫枉过正，启蒙时代的思想家们对于旧秩序、旧道德和旧观念给予淋漓尽致的批判和否定具有某种历史的合理性，但是，在日常社会中，传统是反对不了的，而且一个社会的健康发育和生长，也是离不开传统的。

应该继承传统，挖掘传统文化中的生命宝藏。因此，对于那些打着启蒙思想的口号的反传统是不能使人接受的。也正是因为要对抗启蒙思想的激进主义，才产生了保守主义的反弹。例如，英国有伯克的保守主义，法国有迈斯特的保守主义，德国有黑格尔的保守主义，俄国有东正教的各种保守主义，此外，20世纪还产生了社群主义、新保守主义（施特劳斯学派）等。而在中国，新儒家的保守主义，已经在民国之后衍生了几代，从港台新儒家到儒家宪政主义以及各种文化保守主义。

新旧保守主义之所以要对抗启蒙思想，因为启蒙理念忽视文明的历史传承以及生命力，启蒙主义的方法是激进的革命主义，其结果是破坏文明，制造乌托邦的灾难。

第三，启蒙主义的自由主义面临现代社会的各种挑战。法国启蒙思想中，孕育产生自由主义和社会主义两种巨大的思想潮流。启蒙思想的主流则是蓬勃发展出来一种哈耶克所谓的高卢式的自由主义。这个自由主义成为现代性的思想主轴，为现代民族国家以及法治民主宪政人权等西方价值谱系，提供了强有力的理论支撑。但是，第二次世界大战之后，在西方随着经济发展、民主进步、人权扩张和国家福利增多等，这种自由主义进一步与社会民主主义合流，一方面促进了社会的正义，另一方面则导致了一系列重大的问题。追溯起来，就要回到启蒙思想中的自由平等的核心价值理念问题。关于这方面的争论，是西方进入全球化乃至后现代之后，所面临的一次重大的理论纷争，哈耶克与凯恩斯、罗尔斯与哈贝马斯、共和主义与自由主义之争以及施特劳斯学派的兴起等，都与这个可以上溯到启蒙思想的观念理路之争有关。

二

作为思想启蒙的五四运动，当然属于一种具有自由主义性质的思想解放运动，这与法国启蒙运动极为相似。

中国形态的启蒙思想，大致有两个形态，一个是新文化运动、五四运动，另外一个便是改革开放之际持续二十年的思想启蒙，在这个思想解放运动中，自由主义思想再一次复苏，并得到进一步发展，占据了民间思想的主流，并且渗透到改革开放的经济、法律等制度变革之中。这一进程是与中国经济与社会变革的深化以及市场经济和市民意识的觉醒同步展开的。

但是，晚近十年，启蒙思想却受到越来越大的挑战，其突出的标准，便是自由主义与新左派的分野以及论战。我始终认为，这场持续经年的思想论战的理论深度是肤浅的，但其政治标志和道路象征却是意义重大的。它表明了中国思想界的重大分化，原先共享的启蒙思想的模糊共识没有了，中国思想界却还没有超越启蒙思想的水准。这个水准之下的理论观念难以承载中国社会现实变革所需要的进一步的理论诉求，故而左右思想的分化是必然的。从某种意义上说，中国启蒙思想在重复着五四运动之际的思想分化的逻辑，即摆在当时胡适、徐志摩一派与李大钊、陈独秀一派之间的政治分歧。

三

那么，如何使得自由主义走出二十年的启蒙形态，面对中国当今新的社会政治、经济与文化情势，进一步转变为一种富有生命力的思想理论呢？那个继续启蒙的精神的升级版或"万岁"的具体路径是什么呢？

依据苏格兰启蒙思想的理路，我认为，自由主义要从启蒙转为创制。

如果我们深入研究西方自由主义的发生学和发展史，就会发现，在早期现代的自由主义演化中，英美思想界很快就摆脱了启蒙思想的束缚，进入一个新的创制建政的制度变革阶段。相比之下，法、德、俄的启蒙和改革开放时期，都没有成功，甚至没有这方面的成熟的政治意识。

从大的格局上说，英国思想在早期现代也有一个启蒙时期，但是其表现形式与法国启蒙思想和德国启蒙思想大不相同，而是改良主义的，即便是经历光荣革命以及共和激进主义，也仍然在主流上保持着健康的思想意识。无论是洛克式的为辉格党所力挺的思想家，还是休谟式的为托利党所支持的思想家，他们从大的方面看，都属于英国启蒙思想的一族。但他们并没有自我标榜启蒙，而是融汇于英国的政治传统和法治宪政的改良主义乃至革命主义（光荣革命版的）的脉络中。甚至所谓苏格兰哲学，其代表人物也从没有标榜启蒙，而是具有保守主义的倾向，在道德哲学、法治理论、政治经济学和文明演进论等诸多方面，进一步把启蒙主义的思想理念贯穿进去，并且密切联系实践，故此为后人称之为苏格兰启蒙思想。

英国自由主义吸纳了启蒙思想，但克服了法国启蒙思想的激进主义与反传统方法，有效防御了德国的民族主义狂热和国家主义逆流，它们的自由主义所关注的不是仅仅思想观念的传播，文人政治的图谋，大破大立的变革，而是温故知新，移风易俗，文明进化，社会演进，法治昌盛，商贸繁荣，国强民富，这些制度性的知识探索和制度变革，是这些自由主义的首要乃至最终的目标。而且，我们看到，他们不是文人、教授，也不是公共知识分子，而是政府官员、企业家、大臣幕僚、律师、法官，甚至是国务秘书、国会议员等等。总之，他们是所谓的士绅或精英，具有社会实践的认知和能力。

他们的使命在于创制，即为演进中的现代英国社会，构建一个法制与国家制度的运行体制，从国民经济、商贸体系，到政府组织、国会架构、宪政制度、司法体制。总之，在继承传统的变革中，推陈出新，一步步促成了英国的黄金时代，并且塑造了英国的自由主义的思想理论品质。

相比之下，中国也大致处于这样一个转型的时代，需要新的自由主义的理论思想。中国作为一个文明体，其内部的文明力量，也已凝聚为儒家宪政诉求，试图与百年历史的新命相接续。为此，自由主义要实现升级版——既能够传续古今文明，又能够打通中西隔膜，显然，仅仅靠启蒙意识是做不到的。中国的自由主义要摆脱教条化窠臼，富有生命力，就必须转化为创制建章的实践努力，积极正面地建设社会，落实宪政，促进民主，倡导法治。这就是效法英国洛克以降的苏格兰思想和穆勒思想的道路，以及美国联邦党人的道路。这是自由主义富有生命力的道路，也是自由主义思想传统中最终获得正果的道路。

（原刊于财新网，2014年4月2日）

民主何以会失败？

—— 一个转型国家的忧思

一、作为理论与现实问题的民主失败

自塞缪尔·亨廷顿 1991 年出版《第三波——20 世纪后期的民主化浪潮》以来，国际政治学界对于民主转型的研究已成为一个重要的理论生长点。从论文到专著，国际学界涌现出很多高质量的研究成果，也出现了一大批优秀而富有影响力的政治学者。他们的主流研究是转型国家的民主制度的建设，把民主转型视为一个三阶段的政治事件，即威权政体的崩溃、民主转型的启动及巩固。在他们的理路视野中，这是一个虽然曲折但旨在成功的故事，现有的大量学术文献大多集中在与民主转型三阶段有关的研究上。

但问题是，不少国家在转型过程中遭遇了严重的困难，还有不少国家在完成初步的民主转型后又遭遇了民主政体的失败。实际上，民主失败已经成为一个重要的政治与历史现象。然而，在国际学术界，对民主失败的系统性理论研究并不常见。美国知名政治学者胡安·林茨教授是《民主转型与巩固的问题》的主要作者，他曾经牵头完成了两项关于民主失败的大型研究，一项是出版于 1978 年的四卷本著作《民主政体的崩溃》(*The Breakdown of Democratic Regimes*)，另一项是出版于 1994 年的两卷本著作《总统制民主的失败》(*The Failure of Presidential Democracies*)。尽管上述两套著作都是优秀的比较政治学作品，但它们主要是各国民主失败案例的汇编，集中在欧洲两次世界大战之间与拉美地区的民主失败的案例分析，林茨等人并没有试图提出一个关于民主失败的一般理论。在林茨的团队之外，国际学界有影响的关于民主失败的系统研究就不多见了。至于国内学术界，这些年来关于民主失败的问题意识基本上尚未产生，就很难说有深入的理论研究了。

在我看来，关于民主失败的研究不仅具有重要的理论意义，而且还具有迫切的现实意义。理论上，民主失败是政治理论的一个重要议题，从学理上搞清楚现代民主制度如何在转型国家遭遇失败，致使初建的民主体制陷入崩溃，其发生学的内在逻辑机制以及演变路径等等，这些都是政治学乃至比较政治学尚未解决的问题，甚至是尚未引起高度重视的问题。若能为民主失败提供一个一般性的理论解释，对学术研究无疑有重要贡献。而就现实意义来看，我们知道，民主转型是当今世界的一个大趋势，但这个转型国家的民主制度构建问题，并非一帆风顺，尽管一方面它们在全球范围内步步推进，但另一方面也在很多国家遭遇了挫败。如何降低新兴民主政体的失败风险，这是很多转型国家面临的重大挑战。尤其是对于尚处在向现代政治文明转型的中国来说，关于民主失败的问题研究就格外具有重要的现实意义。回顾百年近现代史，中国曾经在 20 世纪一二十年代遭遇过失败的民主转型，当晚清帝制被中华民国成功地"革命"之后，民主共和政体并未在这块古老的土地上生根发芽。展望未来，中国在构建、发展和完善民主政体方面会遇到哪些问题？对于中国这样一个具有历史积累的超大规模国家，是否可能面临民主转型失败的风险？所有这些问题，都是未定之数，势必引发我们的忧思。

所以，《民主崩溃的政治学》（包刚升著，商务印书馆，2014）的出版面世，可谓恰逢其时。该书直指主题，把民主失败作为立论的中心，在一般理论与案例研究两个方面，回应了前述的学术缺憾与现实诉求，在中国当今的政治学界，开辟了一片大有可为的新天地。

二、民主何以会失败？

面对林林总总的民主失败，《民主崩溃的政治学》提出了一个具有原理性的观点，用作者富有高度理论浓缩性的一句话来说，就是"高度的选民政治分裂与离心型民主政体的结合倾向于导致民主政体的崩溃"。为了在逻辑上论证这个结论，作者试图用高度的选民政治分裂（自变量 X_1）和离心型民主政体（自变量 X_2）这两个自变量来解释因变量，即民主政体的崩溃（因变量 Y）。从理论建构上看，作者提出的民主失败的一般理论在结构上具有数学逻辑的美感。

下面我们看作者是如何进一步阐明和论证这一理论及其逻辑的。

民主政体的崩溃通常都起源于国内政治的某种紧张关系，这种政治紧张关系愈演愈烈，导致严重的政治危机。当这种政治危机无法在现有的民主政体框架内解决时,很可能会导致民主政体的崩溃。因此,解释民主政体下政治危机的起源和激化,是解释民主崩溃的关键问题。政治危机的形成和激化通常需要两个条件。第一个条件是国内存在某种较为严重的政治冲突,表现为两个或数个政治集团之间激烈的政治对抗。这种政治冲突是国内不同选民集团存在严重政治分裂的反映。第二个条件是民主政体下国家或政府没有能力去缓和、平息或解决这种严重的政治冲突。换句话说,在这样的民主国家,与严重的政治冲突相比,国家能力或政府能力较弱。固然,一国的政治经济条件和国际环境都会影响国家能力的高低,但在这些因素既定的条件下,民主政体下的政治制度安排对国家能力的高低具有决定性的影响。合理的政治制度安排有助于塑造国家能力,而不合理的政治制度安排会削弱国家能力。

因此,这项研究对民主崩溃的理论解释可以总结为:一个民主国家存在高度的选民政治分裂时,就有可能引发激烈的政治对抗与冲突;如果民主政体下的政治制度安排不能塑造有效国家能力或政府能力,民主政体

就无力缓解或解决这种政治冲突，这样国内政治危机就会持续恶化，最终导致民主政体的崩溃。(原书第32—33页)

由此可见，作者对民主崩溃的理论解释基于对两个重要变量的考察：一是选民政治分裂——高度的选民政治分裂会增加民主崩溃的风险；二是民主政体的政治制度安排类型——离心型民主政体也会增加民主崩溃的风险。作者认为，如果不同选民群体之间存在着高度的政治分裂，就很容易引发严重的政治冲突。作者发现，20世纪以来，在民主政体不稳定的国家，通常可以发现一种或几种较高程度的选民政治分裂。这些选民政治分裂的主要类型包括：贫富选民之间的阶级分裂，不同宗教信仰选民之间的宗教分裂，不同族群选民之间的族群分裂，不同地区（可能会叠加宗教和族群因素）选民之间的地区分裂，政体维度上不同政体主张选民之间的"民主—威权"分裂。总的来说，选民政治分裂程度越高，就越容易引发严重的政治冲突。

根据已有的政治学研究成果，普遍认为民主国家缺乏有效的国家能力是民主崩溃链条上的重要一环，不同层次的政治制度安排在很大程度上决定了民主国家的国家能力之高低。为此，古老的政体研究就需要与现代的国家理论建立某种联系，国家能力要与制度安排实现某种联姻关系，通过对央地关系、选举制度和政府形式这三个层次的政治制度安排的学术分析，作者归纳出两种不同的民主政体类型：离心型民主政体（centrifugal democracies）与向心型民主政体（centripetal democracies）。从结果上看，这两种不同民主政体的分野是前者会大大弱化国家能力，后者则能有效强化国家能力。

那么，如何理解这两种不同的民主政体及其机制呢？我们可以把"强化中央政府权力、强化大型主导政党和政党体制、强化立法机构与行政机构合作的民主政治制度"称为向心型民主政体，把"弱化中央权力、弱化政党和政党体制、弱化立法机构与行政机构合作的民主政治制度"称为离心型民主政体。离心型民主政体之所以问题重重，主要是会导致三种离心效应：国家性问题上的地区（族群）离心效应——通常会弱化国家认同，强化地区认同；政府—社会关系上的政党离心效应——通常会鼓励极化多党制的兴起，不利于大型政党；政府形式上的行政离心效应——通常会鼓励行政权和立法权的政治对抗与冲突，行政机关最后往往无所作为。

在经验研究部分,《民主崩溃的政治学》一书采用的是四个国家(德国、尼日利亚、智利和印度)不同政治时期的比较历史分析。众所周知,比较历史分析是当代比较政治学的主流研究方法之一,相关的经典著作包括《专制与民主的社会起源》与《国家与社会革命》等。德国魏玛共和国(1919—1933)的主要问题是选民之间存在着严重的阶级分裂和"民主—威权"维度的分裂,由此导致严重的政治冲突。从制度上讲,魏玛共和国比例代表制与半总统制的组合,属于典型的离心型民主政体。前者鼓励小型政党和新兴政党,既有大型政党的力量往往遭到削弱,而后者又容易引发行政权与立法权的冲突。这样,1933 年魏玛民主政体就被希特勒的独裁统治取代。第二次世界大战之后,联邦德国民主政体的巩固可以归功于选民的阶级分裂大大下降以及选举制度与政府形式的重大改革。

尼日利亚是非洲人口最多的国家。尼日利亚第一共和国(1960—1966)的失败是由于较高程度的选民族群分裂和高度分权的地区主义安排。在当时的尼日利亚,三个主要族群彼此为敌,使得尼日利亚联邦政府难以进行有效的国家建设和民族整合。不同族群之间的政治冲突日益升级，结果是民主政体的崩溃和长达两年多的"比夫拉内战"。后来，尼日利亚改革了高度分权的地区主义安排，中央权力和国家统一得到强化。但该国选民之间仍然存在高度的族群、宗教和地区分裂，尼日利亚属于从民主崩溃到不完全民主的案例。

智利是如今拉丁美洲最为发达的国家。该国 20 世纪五六十年代的政治基本上为阶级冲突所主导，贫富悬殊的社会结构加上卜层阶级普选权的获得，逐渐撕裂了整个国家。1970 年阿连德总统上台后，整个社会分裂为两大互相敌对的阵营。在制度上，智利是比例代表制与总统制的结合，前者削弱了智利的政党力量，后者导致了行政与立法之间的严重对抗。结果，1973 年的军事政变终结了智利民主政体。今天，智利已成为拉丁美洲民主的典范，这得益于两个因素的变化：选民阶级分裂程度的下降，议会选举制度与总统选举制度的改革。

印度被视为贫穷国家在第二次世界大战之后创造的"民主奇迹"。这种"民主奇迹"得益于两个因素：一是 1947 年之后的尼赫鲁时期印度的工业化、城市化和现代化程度都还比较低，选民政治动员程度也比较低，这就使得印度多样化的社会结构并未充分政治化；二是印度的政治制度是典型的向心型民主政体，系中央集权化的准联邦制、选举上的简单多数决定制和政府形式上的议会制的组合，这些都是提供向心激励的制度安排，有利强化国家能力。20世纪七八十年代后，现代化程度的提高导致了印度选民政治分裂的强化，政治暴力呈现上升趋势，给民主稳定性带来压力。但印度向心型民主政体仍然在起作用，从而保持了印度民主的相对稳定。

借助四个篇章的案例研究，我们发现：如果一个民主国家符合选民政治分裂程度高和离心型政治制度安排这两个条件，那么该国民主政体就倾向于崩溃。找到了民主崩溃的内在制度原因，具体一点说，克服民主失败就是如何降低选民政治分裂和避免离心型民主政体，该书给出了富有洞察力的政治建议。

首先，关于如何降低选民政治分裂，该书作者提供了四条政治原则与政策建议（原书第474页）。

第一，经济发展和现代化长期当中会降低选民政治分裂程度，但经济发展和现代化的过程则可能提高选民政治分裂的程度。因此，长期当中发展经济和加速现代化程度是重要的政策，短期当中则须正视现代化可能会带来的政治压力。

第二，降低不平等程度是降低选民政治分裂的重要政策，这包括降低两个方面的不平等：一是降低公民个体意义上的不平等；二是降低不同类型的选民群体获取政治权力、经济资源和社会价值上的"种类不平等"。

第三，在巩固国家统一和强调民族整合的同时，尊重不同族群、宗教、语言和地域选民群体在文化上的差异性，包容其多样性。

第四，在高度分裂的社会中，快速扩大政治参与和过度强化政治竞争会给民主政体的稳定性带来很大的风险，而在政治上平衡好政治精英与大众参与的关系则对民主稳定性较为有利。

其次，关于如何避免离心型民主政体，作者提供了五条政治原则和政策建议（原书第 480 页）。

第一，民主的宪法设计和制度安排要充分兼顾到分权与集权的平衡、参与和效能的平衡，不能塑造有效国家能力的宪法设计和制度安排通常都缺乏维持民主政体自身所需的手段。

第二，成功的宪法设计和制度安排并非空中楼阁，而是必须考虑并适应本国的社会结构和选民政治分裂的类型与真实情形，宪法和制度必须在真实的世界里能够运转。

第三，在中央与地方关系上，要注意适度强化中央集权。特别是对于那些存在地区与族群分裂的国家，更要强化中央政府维持国家统一的政府能力和政治权力，要尽量避免高度分权的地区主义安排。

第四，在选举制度上，多数决定制和具有多数决定制特征的混合选举制度往往是更优的选择，要尽量避免纯粹的比例代表制。

第五，在政府形式上，议会制往往是更优的选择，要防止行政权和立法权之间的政治对抗，要谨慎地对待总统制和半总统制。

对于上述两个层次九个政治原则与政策建议，我以为对于复杂多样的民主失败的转型国家来说，其理论意义未必都条条切中肯綮，但它们对于我们防范民主失败，则具有十分重要的参考价值，而且还具有丰富的实践性内涵。

三、从政治学研究到民主法治理论

《民主崩溃的政治学》诚如其书名所标明的，属于一种规范的政治学研究，从现代社会科学的学科分殊来说，则是一部狭义的比较政治学著作。还记得两年前我作为评议导师参加北京大学政府管理学院作者的博士论文答辩，对他的这篇优秀的博士论文提出了更高的期望。那就是，对于民主失败的研究，要超越狭义的政治学学科樊篱，应该扩展到民主法治的综合领域，从一个更为广阔的视野来审视民主体制的稳定性与民主失败的问题。在我看来，民主问题是一个政治学与法学交汇的问题，除了政治学、比较政治学，还需要法学、宪法学的综合研究，具体一点说，就是要重视法治与民主、宪制与民主之间的关系问题研究。例如，作为该书一个重要逻辑环节的离心型民主政体，就涉及宪法设计的问题，甚至还需要通过使用宪法工程学

（constitutional engineering）的概念，阐明宪法设计与政治制度的逻辑关系，例如公民参与与政府效能、分权与集权之间的平衡等等，这些法治与民主、宪制与民主的关系，关涉转型国家民主成败的关键。

从法治视角来看，我尤其强调法治与宪制是避免民主政体失败的关键因素。就民主与法治两者之间的关系看，我们发现，历史上曾经出现过这样一种情况；一个社会即便没有优良的现代民主而仅有优良的法治，也可以拥有一个较为优良的社会生活形态；但是，如果一个社会没有法治而仅有民主，就容易出现制度溃败、治理失效的情形，甚至重新沦为专制或极权统治。以英格兰为例，19世纪议会与选举改革之前，仅是少数人拥有投票权，可以说是一个民主制度并非优良的社会。但是英格兰自1215年《大宪章》之后，基于他们深厚、昌明的法治宪制传统，这个社会是一个个人自由较为完备、市场经济逐渐扩展的优良社会。相比之下，革命时期的法国社会则是一个相反的例子。按照1791年新宪法，法国已经成为全世界民主程度最高的国家。但是，由于缺少法治传统，所以民主并没有导向一种稳定而有效的国家治理，反而滑向了后来密尔和托克维尔所担心的"多数暴政"或"暴民统治"。持续不断的街头暴动，政治领导人和政府走马灯似的更迭，未经审判就把个人投入监狱或直接处决，从城市到乡村遭到破坏的财产权，结果是一个乱糟糟的法国。《民主崩溃的政治学》第六章关于智利的案例研究中，实际上也触及了这样的问题。阿连德出任智利总统以后，政府要对既有的产权制度进行"革命"，总统也开始违背宪法，试图绕开议会而依靠总统命令治国。这样，到1973年政变前夕，智利的农民、工人、中产阶级和工商业主纷纷走上街头，智利的法律和社会秩序一时陷入混乱。所有这些都为军事政变提供了可能。这两个案例说明，有民主而无法治，民主常常难以维系，民主失败也就是顺理成章的事情。

所以，民主必须以法治和宪制作为基础，在缺少法治和宪政传统的社会中，民主要实现自身的巩固和优良治理，通常难度很大。从世界各国的经验来看，法治与宪政传统既可以基于未成文宪法，又可以基于成文宪法。前者的主要例子是英国，后者的例子包括美国等很多国家。但是，无论是成文宪法还是未成文宪法，都需要奠定一种宪法高于政府、高于执政党、高于政府公共政策的制度基石。唯有如此，民主政体的实施和运转才能得到根本性的制度保障，从而有利于民主的稳定，防止民主失败。因此，一个转型国家的长期目标应该是成为"法律昌明、民主优良"的国家。

关于民主与法治何者优先，这是近年来国内学界的一个热门话题。我认为，它们之间不存在何者优先的问题，也不存在根本性的矛盾冲突，它们从根本上是相互促进的关系。因为，民主与法治的各自问题意识是不一样的。民主要解决的是统治的合法性或正当性问题，法治要解决的是统治之优良与低劣的技艺问题。尽管民主与法治两者之间存在着张力，但并不是互相敌对的关系，不能对两者的关系做机械式的理解，而是要从相互制约的促进方面予以理解。对此，著名的民主理论家乔万尼·萨托利曾在《民主新论》中讨论过民主与法治的关系，他把民主界定为"有限的多数统治"，而非"无限的多数统治"。"有限的多数统治"的另一种说法就是法治的民主或宪政的民主，而非绝对意义上的大众民主。他这样说：

> 我曾经论证了民主不单纯是人民的权力，现在我要坚持认为民主也不是单纯的多数原则。"多数原则"只是

有限多数原则的简单说法……纵观人类历史，多数——
种族的、宗教的或仅仅数量上的多数——事实上一直在
迫害少数派，有时甚至到了灭绝少数的地步……我拿得
准的是，民主不是没有限制词的（因此是无限制的）多
数统治。民主的运行原则是有限的多数统治原则。(《民
主新论》第一版，第34—35页）

所以，从应然的意义上讲，民主与法治或民主与宪制
是并行不悖的。尽管"民主是个好东西"，但应该意识到，
单纯的大众民主，或者说不受限制的民主——即便是代议
制民主——也是有缺陷的。对当代转型国家来说，民主与
法治应该是齐头并进的关系，民主与法治如鸟之两翼、车
之两轮，不可偏废。民主之所以会遭遇失败，固然是民主
制度的内在逻辑出现了问题，具体一点说，是"高度的选
民政治分裂与离心型民主政体的结合"所致，但如果从更
为广阔的视野来看，则是民主与法治的分离，是没有构建
出一个优良的法治与宪制的政体所致。所以，我认为没有
从民主与法治、民主与宪制关系的视角展开论述，仅是局
限于政治学的视野，探讨了政治体系的内部机制与功能问

题，而没有明确揭示出法治与宪制不彰是民主失败的一个更为根本性的制度原因，这是《民主崩溃的政治学》的一个短板。

（原刊于《读书》，2014 年第 11 期）

2011，转向中国研究

电话那端，高全喜老师谈锋雄健。原本准备了一页的话题，只开了个头，料想材料就足够我用了，况且，有些待问的题目，高老师已经用清晰而有力的声音提前传达过来。2011年，《立宪时刻——论〈清帝逊位诏书〉》（广西师范大学出版社）让他在辛亥年显得别具一格、别有分量。然而，现在我知道，这是歪打正着。（访谈记者：程洁）

记者：您的学术研究路径，不少媒体都有过报道，20世纪80年代，您的关注点是文学、美学、西方哲学和德国哲学；90年代后期至今，转向了政治哲学、法理学和中国宪政问题。2011年刚刚过去，这一年您都写了些什么？读了些什么？这一年对您的意义如何？

高全喜：2011年对我来说，是研究生涯中比较重要的一年。从去年开始至今，我的理论研究重心又有了一些转

227

向。前一二十年我的研究重心主要在西方法政思想，留心的读者就会看到，我以前出版的书的后记中，一般都会写上自己研究西方的政治与法律理论，无论是研究一些个人性的问题，如黑格尔、休谟、哈耶克，还是研究一些主题，像关于政体问题、宪法制度问题，这都是以西方思想人物或理论主题为对象。但我总是有所不甘，一直在后记提醒自己应该就此搁笔了。我的目标是转向中国问题，转向与中国的政治和法律相关的问题研究。我曾经花费很长时间研究格劳秀斯，甚至都已经写了一二十万字了，后来却没有多大的激情了，那个半成品现在仍旧在我的电脑中。西方思想资源只是我们的一个拐杖，我们寻找它的目的是推动中国改革。其实，这种想法不仅我们这代人有，我们的前辈，如我的导师贺麟先生，再前面的梁启超、胡适先生都是如此。我们这代人延续了这一学术路径，不单纯将西方作为自己的学术对象来认识，到头来，都为的是更大尺度、更开阔地看中国。2011 年是一个转折年，前面的研究有的结束了，有的中断了，于是转向中国，标志就是《立宪时刻——论〈清帝逊位诏书〉》。虽然这本小册子未必完善，也不是说它对我有多重要，但它使我真正有了一个进入中国的议题，以后我会将学术重心转向新的内容，尤其是中国近百年的政治、法律历史。我不像一些学者，比如秋风他们，关注三代之治，秦汉唐宋制度等。这些当然重要，但毕竟过于遥远，我的关注是鸦片战争以来的早期现代的文明转型，尤其是转型中的政治法律制度、思想观念问题。这也不意味着西方的东西就不读了，它仍然很重要。对我来说，目前更重要的是消化西方，咀嚼西方，要变这种思想资源为中国思想界、中国学人内在的东西。近百年的历史与当下的历史在内在逻辑上来看，处于同一逻辑层次之上，没有阶段性地完成，历史这一页一直没有翻过去，用唐德刚的话就是"历史三峡"我们还没有走过去。尽管我们今天的社会经济、价值观念等都有很大转变和多元呈现，但制度依然处于构建时期，良性的现代政法制度没有真正打造完成。

记者：学术研究转向不是轻而易举的，大多数学者终其一生，只研究某一方面的内容或某一个领域。您在过去的二十多年中，研究视角几经变化，并且都还取得了一定的成就，这是如何做到的？

高全喜：我前面的研究也谈不上成功。就我自己而言，是学问跟着问题走。20 世纪 80 年代，文史哲兴盛，特别是美学、西方哲学很热，那是与当时的思想启蒙、思想解放相关的，是一种价值关怀。随着我自己的深入阅读和研究，年龄和阅历的增长，以及对中国与西方历史问题的重新认识之后，我发觉原先的东西过于观念化了，真正理解那些思想，需要制度和结构的支撑，现代社会科学可能是更重要的学问。所以近年来，我写作时还是尽可能地社会科学化，更理性、更规范、更学科性地处理相关问题。我知道这是需要付诸努力的，基本功先要做好，所以这些年我下了很多功夫，大量学习阅读专业性的学科知识。本来文史哲和政经法兼通是比较困难的，一个形而上，一个具体而微，但当下的中国却为它们的结合提供了一个良好的契机。当今西方思想知识分野明确，专业分化愈加细微，很少兼及这两个方面，研究也更加具体，较难有宏大的思想上的考量，这是西方 20 世纪之后的状态。但我们回首西方 15—18 世纪左右，情况是不一样的。人们耳熟能详的大师们，如卢梭、洛克、休谟、亚当·斯密这些人，他们既是经济学家，又是哲学家，还是法学家、美学家。那个时代学科并不细化，问题也都是综合的，说明西方是从一个综合的时代走向一个分化的时代。民国以来的近百年，中国社会文化转型显现出这或许也是一个综合的时代，我们未来知识体系的分工可能会越来越细致，现在需要的却是综合的知识。这个时代可能很短暂，但给交叉学科学者提供了一个机会。中国现在面临的一些问题，以庖丁解牛式的细化处理可能不得要领，但用综合知识处理分析会更恰当。我一直问题意识比较强，故近年来转了很多专业，不过万变不离其宗，支配自己的归根结底还是哲学的思维力、政治法律的分析力以及文学的表达力。方法未变，只是使用的材料有所变化，同一个问题，从不同的侧面去解读。近一二年，我又专注于历史领域，当然不是像通常历史学家那样，我仍是做近百年来呈现出的与政治法律制度变迁相关的思想精神的追问。我现在基本上可以自在地读书和研究。虽然有时辛苦，精神的愉悦却是莫大的。

记者：您的问题意识非常让人尊敬。今年的辛亥出版物中，您的《立宪时刻——论〈清帝逊位诏书〉》令人瞩目，当初怎么会注意到这么短短的一纸诏书呢？

高全喜：其实我研究《清帝逊位诏书》与辛亥革命并不搭界。前些年我一直致力于"政治宪法学"，这是个新流派，就是研究"宪制"国家的发生、运转，宪政体的动力机制、内在构造、权力分配等。历史上很多国家形态都经历了这样的变化。可以有很多切入点，譬如罗马帝国的兴衰、英美国家形态、宪政制度的演进等都在这个视野范围之内。回到中国问题上，我开始寻找中国的现代国家是如何发生的，于是大量阅读晚清和民国的资料。按照我的思路，国家构建初期的第一部宪法尤其重要。我从《中华民国临时约法》，到"袁记宪法""天坛宪草""曹锟宪法"，一路往下看。相形之下，政治法律方面，人们更多关注《中华民国临时约法》，《清帝逊位诏书》则鲜有人问津。事实上，中华民国的法统，光一部《临时约法》是不够的。《清帝逊位诏书》对现代中国的构建也很重要，对于中华民国如何发生、兴起，现代逊位禅让，国体、政体、法统等，都有很大意义。然而以前几乎没有人从这方面来谈，所以我就打算沿政治宪法学的路径来考察这个问题。正巧赶上2011 年是辛亥百年。这一年我陆续参加了一些辛亥革命百年的研讨会，也有些收获。

　　现在来看，我知道这本书除了资料方面要下一些功夫外，理论问题上也有不足和不够深入之处。一是 20 世纪初国际政治环境对逊位诏书的影响。当时诏书写完之后，要送给各国大使馆，照会他们。从某种意义上说，是需要这些国家担保的。当时为什么需要一个第三者，需要国际社会担保，契约方能付诸实施？这说明背后的国际力量掣肘了契约的达成与执行。那么国际力量在里面扮演的角色，整个 20 世纪国际政治背景等，就是值得深入思考的。二是新近美日历史学界兴起所谓"新清史学"，他们认为中国是多民族共治国家，清朝是一个有多元共治的帝国。从逊位诏书我们能够清楚地看到清朝将整个帝国的法统以及地域人民移交给了中华民国，是其衣钵的合法继承。当然，我也听到其他一些对拙著的批评。我不是历史学家，也从不讳言自己在史料方面的不足，今后需要再努力。至于指责我为清帝翻案，鼓吹"反"革命，我则是要辩护一下，我从来没有抹杀革命的意义，我只是指出一味激烈的革命是不行的，革命党人的激进革命的《临时约法》是不够的。宪法出场，革命退场，"革命的反革命"，这才是宪制肇始的关键所在，而畅行多年的革命史观有悖于这个现代宪制的逻辑。希望某些评论者能够耐心地读"懂"我的这本小册子。

记者：这一年，国内国际都发生了很多事，作为一个问题意识浓烈的学者，您也都有关注吧？

高全喜：我的确是有些关注，因为我的研究都是为了现实问题考虑。

就国内政治来说，比如经济这块，目前运作还基本正常，但隐含着潜在的危机。可以这样说，中国目前的社会经济问题，已经转变成了社会政治与法律问题，主要表现在我们要为经济发展提供一个正常的、可持续发展的社会制度、政治制度和法律制度，只有这样经济才能持续地发展，否则潜在的危机随时会出现。比如现在的改革应该不单纯只是行政领域的改革，而应当进入到政治领域的改革。再比如法律问题，法治社会是市场经济的基础，合同的执行、权利的保障、信用制度的建立，这些都有待于法律的真正完善。目前用维稳的手段来处理一些社会不公，近日的乌坎村问题，都有待于良性的法律与政治制度来解决，而不是个案性解决。个案式解决办法不能从根本上解决问

题，反而使问题积重难返，只有制度性解决，依法解决才
是正途。

国际上，面临的不是抽象的普世价值与中国特色的矛
盾问题，应该采取一种综合的方式，现代中国社会是世界
中的中国，无法隔绝于世界。国际问题首先是国家间的博
弈，国家利益之争，不是普世价值与中国特色的对决。另
外还有一个正当性问题：你如何能真正代表这个国家大多
数国民的意愿和利益？中国的社会改革不单纯是一个内政
问题，实际上还是一个外交问题，我们要真正内省自己是
否正当地代表国民利益，不然国际社会不会认可，人民不
会拥护。

记者：下一年的计划呢？是《论〈马关条约〉》吗？

高全喜：我的工作主要有两块，我历来主张自己的研
究是私人化的，至于单位上，明年主要有北航高研院本科
生的通识教育。就我个人爱好而言，是读书和研究，给予
我精神上的愉悦。明年重点就是关注《马关条约》，主要从
法律上，尤其是国际法、条约法的角度来看条约以及条约
背后的隐含对现代中国意味着什么。甲午之战研究铺天盖

地，但不过几千字的条款为什么要这样制定，背后的意义，非常重大，却很少有人从法律的角度来研究。条约的每一个条款都涉及一系列问题，表面看是赔多少钱，割地从哪到哪，而事实上并非那样简单。《马关条约》标志着中国传统的朝贡体系或称天下体系向以日本为中心的东亚秩序的转变。一百多年过去了，我们还没有回到《马关条约》之前的结构中去，当然我们也回不去了，这些问题仍在一个升级版中出现，经历了第二次世界大战雅尔塔体系、冷战，在新的世界格局中，东亚到底是怎么回事，现在还没有搞明白。这一肇始，就是《马关条约》。《南京条约》意义固然重大，但对中国来说不过是同"蛮夷"之战的一次失败，心态没有转变。直到《马关条约》，中国人终于发现世界变了。从皇帝到士绅，他们感到一个未来之不可知的世界开始狰狞地出现了。我也就是想以条约说事儿，揭示隐含的意义，而不是还原历史场面，有人认同，有人未必，或许将来这又会是一本有争议的书。

记者：工作和研究花很多时间，用脑又很辛苦，对身体健康有些影响，您平时是否有时间锻炼？

高全喜：这个比较少，我平时喜欢睡懒觉，唯一的嗜好就是睡得晚，一般夜里十二点左右，看看电视中的围棋节目。虽然总不活动，但是我心态很好，保持着一种低频率的平衡，或许是一种说辞，但是身体还行，呵呵。

（原刊于《社会科学报》，2011 年 12 月 15 日）

儒家思想面临新挑战

　　儒家思想在百年中国的历史语境中，升降浮沉，承转启合，遭遇过灭顶之灾，也有过复苏转机。晚近十年，随着中国市民社会日渐成形，人心和世道返璞归真，作为文化保守主义的新儒家思想，开始孕育，成为一股不可小觑的社会思潮，并且带动起一定的社会践履运动，在文化和社会诸多领域，矫正各种激进偏颇的观念、认知和行为，在恢复一个社会的常识、理性与传统方面，日益发挥着积极的建设性作用，得到了社会各界的广泛认同。对于当今的新儒家思想，我是赞同与支持的。我认为，在中国百年激进主义一路横行、传统文化惨遭破坏的现实境况下，新儒家基于中国古典的历史文脉，发扬儒家义理，正人心、辨是非、明道德、崇文明、重教化，对于一个被各种激进主义的革命话语与行动破坏得无以复加的现代中国社会来说，无疑具有重大的理论价值与社会意义。

当然，我也多次指出，儒家思想在观念与实践等诸多方面，与人类的普遍价值和自由主义的基本理念是有很多共同点的，存在着大量的叠合与交叉的共识。如果新儒家与自由主义能够携起手来，求同存异，就完全可以构成匡正社会之扭曲颓败、推动中国走向文明与正义之强大的建设力量。不过，在时下的中国思想场域，在人们高调倡导中华文明复兴，并沿袭历朝历代的做法，开始复古挺儒，试图通过重新拾起儒家思想来修补合法性危机之时，我觉得对于新儒家的一场新考验就开始了。这是一个特别的文化与政治时刻，中国的新儒家面临着一种新的挑战。下面我想谈几个与儒家复兴和中国现代转型密切相关的政治理论问题，提供我们考量当今社会思潮变迁的思想背景。

第一，儒家如何面对政治？

政治是什么？虽然从学理上众说纷纭，但有一点还是得到普遍认可的，那就是政治与权力有关，或者说能够统治一个社会或治理一群人，就是政治。人类社会进展到现代形态，政治就是能够通过权力来统治一个国家，政权是政治的核心。虽然中国政制也已经历古今之变，早在一百多年前就建立起现代国家，但关于政治的传统认知也还没有多少改变。对于现代新儒家尤其是当代大陆新儒家来说，如何面对政治，在我看来，就有双重的含义：第一，需要辨析传统儒家如何面对政治；第二，作为现代儒家如何面对现代政治。我以为，如果不能分清上述两种不同的含义，并且处理好它们之间的关系，那么，置身于当今复杂诡秘的政治形势，就难以明辨真伪，发扬儒家思想的真精神。

第一个问题很重要，它构成了所谓政治儒学的核心点，中国儒家思想的新旧公羊学说就是围绕着如何面对政治（君权）展开的。对于公羊学的是是非非，今天我们大可不必过于深究。但有一点却是清楚的，那就是儒家并不以政治权力的执掌为国之根本，而是追溯其合法性来源，求诸天道人心，并以历史为借鉴，构建一套辅助君主的治理秩序。这套儒家治理秩序，在中国历史中虽然没有构成一种真正制约君主权力的宪制力量，但在某些时候，也曾经达到了某种君臣共和的治理之道，例如董仲舒的天人三策之于汉代政治，作为典范的宋朝君臣共治天下。在中国漫长的皇权专制主义时代，儒家通过一系列观念、教化与制度，在制约强横的君主专制集权方面，还是取得了重大的政治成就的。

从某种意义上，儒家思想塑造着中国政治的文明底色，把野蛮粗陋的暴力权力驯化为文明理性的专制权力，这是儒家的功劳。儒家治理体系契合传统的中国农业社会，在大一统之皇权与地方自治之绅权之间以及皇权统治秩序内部的权力构造与议事框架上，儒家打造着清晰的道德原则（道统）与制度创制（政统），在同时代的轴心文明竞争中处于相对优势的地位，是人类政治文明的重要构成，也是中国超大规模共同体治理哲学与治理制度的支柱，有着一定的限制和塑造优良政体及宪制框架的规范意义。将儒家治理哲学简单等同于皇权专制主义，延续的是"五四"以来的文化激进主义论点，是对传统中国心智及治理经验的无知轻薄之论。当代大陆新儒家重探"华夏治理秩序史"是对这一激进主义的积极矫正，但若轻易断定中国古代存在"儒家宪政主义"则属于矫枉过正，也是对自由民主宪制原理的过度发挥。即使局限于评判传统儒家面对传统皇权政治时的实际作为，尤其是限制与塑造权力的制度性成就，则亦难于乐观论定。

尽管某些伟大卓越的儒者，担负起儒家的理想使命，或者抵制朝廷的专制权力，修史明道，研发义理，或者忍辱负重，主持有关体制改革，暂解朝廷危机，但从人类历史演进的大尺度来看，传统儒家在面对政治时，并没有真正过关，也没有开启出一个古典的自由社会秩序。所谓的三代之治以及儒家宪政，只是一种士大夫的政治理想，三千年现实存在的是一个中国特色的皇权专制体制，儒家只是有限度地予以一定的权力制约和文明教化。大一统格局下的外儒内法或阳儒阴法，乃是中国传统政治的本质。对于这种中国政治，儒家思想发奋求道，冀望天下为公的复古开新，固然叙说着一个伟大的理想，但这种保守主义的历史路径，并没有实践出来多少经史统一、名实兼备的王制或共和制，只是构成了中国政治的古典理想，塑造着一代代儒者的政治人格追求，与变革现实政治的根本制度创设关联不大。

第二，儒家如何面对现代政治？

应该指出，现代中国的政治之演进是在与西方世界的交汇碰撞中展开的，儒家在古今中国的现代化变迁中，并不是主导者。虽然儒家被这场变革的激进主义革命派视为敌人而被屡次打倒，例如五四新文化运动，这致使儒家背负了不该承担的罪责，但其实是激进主义的错误认知。

儒家是中国社会变迁中的健康力量，但由于备受历史摧残，本来就不是现代中国社会的担纲者，加之又被一轮又一轮激进主义革命派清除，就更没有能力为现代中国社会提供系统的价值论证与制度设计，提供现代更化的智识资源，而不得不委身内在化为"心性之学"，承认并追随西方的"民主"与"科学"，并由此步入现代世界。因此，对于新儒家来说，还有一个更重要的问题，就是如何面对现代政治。现代新儒家要首先搞清楚何为现代政治，何为现代的自由、民主、法治与宪政，那些不能理解与结合现代自由民主宪政的所谓政治儒学，其诉求的只不过是一种现代士大夫的"桃花源记"。在我看来，只有自由主义的价值理念以及制度实践，才可以有效克制儒家思想的泥古倾向，摆脱花果飘零的历史处境。

我们看到，在辛亥革命与现代民国的构建中，儒家背景下的立宪派曾积极参与建国事业，《中华民国临时约法》和《清帝逊位诏书》均深受其影响，由此开辟和发扬了中国传统文化中之"保守改良主义"的儒家真精神。不幸的是，20 世纪以降，激进主义潮流翻转中国大地，儒家一脉随波逐流，为国共两党分别担纲的现代国家建构所逐渐抛弃，日益边缘化。现代中国政治的塑造来自于中西碰撞、由外而内的演变，这一现代化进程虽曾激发出中国古典政治的微弱生命力，但后者要成为主体性力量还需要艰难的创造性转化，尤其需要与自由主义相结合。一个世纪以来，直到今天，儒家面临的现代性转型，仍然尚未完成。因此，也就不可能对现代中国的政治转型发挥结构性的主导作用。文化激进主义对儒家的负面定位固然不成立，但儒家自身尚未足以充当推动现代化的力量。它只是一种健康且改良的力量，面对国家的强势地位，儒家与自由主义应该互相合作，各自克服自己的片面性，携手推动中国的现代化转型。我在多篇文章中一再指出中国自由主义思想的短板，批评它们过于苛求儒家，而在本文我则要换一个视角，指出儒家之于现代政治的短板，批评和提醒新儒家们不要放任自己，自以为是，为权力政治所俘虏。

儒家面临的新挑战，本质上是如何面对及参与政治权力与政治构造的问题，我称之为"现代儒家的历史时刻"，这考验着儒家的政治智慧。我们知道，新中国成立六十余年来儒家屡遭摧残，改革开放后才逐渐有所恢复，但也主要是在民间社会作为文化保守主义而自发生长。民间儒家思想在与自由主义的结合中，致力于中国社会的文明更化，在民心、道德、文化、传统、教育、常识等诸多方面的建设，构成了当代儒家的复兴之土壤，因此儒学经义也被视为中国文化的源头活水。即便儒家有一种政治儒学的诉求，那也不是复古王制，像传统儒家一样高攀庙堂，而是戮力构造宪政儒学图景，试图通过对国家权力的约束、对专断暴力的警惕和对公民社会的推进，来展示其现代性的政治诉求。

在现代社会，任何人都不可能回避政治，儒家也是如此。儒家当然没有必要排斥和回绝政治，正像自由主义也不是天生地非要对抗国家权力，其实它们都应该积极地参与社会变革，主动地形塑宪制。但必须搞清楚的是，何为现代政治，何为现代国家。我们不能不正视这样一个事实，中国现代史也不是没有这样的惨痛教训，那就是在权力政治的巨大漩涡之中，相当多的知识人（包括儒家）罔顾现代政治的本质属性，极尽背书之能事，丢弃了仁义廉耻，背离了天道人心。对此，我们要保持足够的冷静与审慎。

第三，何谓儒家的真精神？

　　一直有一种提问：孔子如若活在当代，他会如何？这其实涉及何为儒家的真精神。我以为活在当今的孔子不会仅仅只是追溯三代，复古周礼；而会积极投入现代社会的转型，革故更新，塑造儒家的真精神。这里的真精神不是盘桓于古代那些已死的典章制度，而是推陈出新，与现代社会政治诉求相互契合的时代精神。他很可能会像哈耶克等人所主张的那样，致力于中国社会的自发秩序，在法治、宪章和自由经济的社会扩展中，求得文明之道。我以为，这才是活生生的儒家，才是赓续古今的儒家真精神。死守古代教条的儒家不是周孔之道，其实早已背离了孔子，现代新儒家应该是向现代世界敞开，向西方社会敞开的思想体系，世界大同，天地一心，这种普遍主义的人类精神，才是儒家的真精神。

　　儒家思想不是一种激进主义思潮，在气质上是经验主义，在方法上是中庸之道，这一特性与苏格兰启蒙思想和英美文明演进论的理路十分相似。但晚近一百五十年来，敦厚、行健的儒家却深受公羊学激进主义和玄思空想主义之影响，逐渐脱离了原儒与时俱进的实践理性和改革精神。本来顺应时代潮流的康梁戊戌变法，其骤然失败显然与其新公羊学的激进主义不无关系。相比之下，同样是秉承着儒家精神的以张謇为代表的晚清立宪派，却能够在政制变革的重大关头，左右开合，赞助民国，赢得现代中国政治的古今之变。检点一下中国的现代思想史，我发现很多真正的儒家并不自我标榜为新儒家，而且始终对政治权力保持着足够的审慎与警觉，比如陈寅恪、余英时，甚至反对过儒家的胡适。恰恰是他们，反倒与儒家精神之现代发扬若合符节，开辟出儒家思想与自由主义相结合的典范。

清末郭嵩焘所谓的"三代之治在英美"，尽管有浮泛偏颇之处，但却正确指出了儒家实现"创造性转化"的可能方向，这绝非"全盘西化"的幼稚主张，而是提示儒家重新进入中国历史所必要的"现代性"维度，舍此，则儒家似并无资格成为现代中国之规范基础的一分子，更遑论居中为正。陈寅恪倡扬的"独立之精神，自由之思想"，不特为士大夫乃至现代知识分子的伦理内核，亦为儒家跻身现代政治所持守的基本政治操守。以自由主义为标榜的胡适在"独立评论"国民党训政与蒋介石统治时期的自由独立人格，亦可视为传统儒家"道统"使命下对政治的距离意识与批判精神之现代表率。至于余英时对儒家文史之道与治理传统的理解，虽然未必环环入扣，但却能够站在现代自由民主的基点上，深入儒家经史之堂奥，梳理出走向未来的开放性理路。时下那些自我标榜为新儒家的人士，却未必承续了儒家的真精神。我们看到他们很难抵制政治的诱惑，更少有前贤的世界格局与恢宏气象。例如，他们鼓吹的"大一统"就与现实政治的国家主义强势话语密切相关，还有他们"新华夷之辨"的论调，不但没有变革传统儒家思想中的前现代理据，反而做了逆向扭曲，把华夷之辨移植到中国特殊性以及中西、中美对立的思想语境中，并予以激进主义的强化。

纵观历史，文化层面的儒家思想，甚至政治层面的儒家礼制，对于三千年中国社会的文明演进，具有积极的正面价值，在义理和制度上起到了一定的抗衡君主专制的历史作用。不过，总体而言，古代中国政治的制度架构仍然是外儒内法、儒法合流下的皇权专制主义，"儒家宪政"从未担当过主体性的角色。古今之变以来，面对现代政治，儒家如不能在规范意义上结合自由主义核心义理和宪制经验，则可能重新堕入新的"儒法合流"式权力专制主义之窠臼。历史的经验一再证明，仅仅依靠传统儒家政治义理与制度设计不足以开出宪政民主，不足以限制和规范政治权力。尽管在理想的学理论证上，存在"道统—政统"之分殊，但实际政治中发生的"政统"对"道统"的反向逆袭，乃至凌驾其上，比比皆是。究其缘由，概因二者之间多系仁政道义层面的维系，治理秩序由于传统社会基础的瓦解而遗失。因此，儒家复兴的生命力来自现代社会的生长，他们的发展主要系于如何汲取现代宪制的制度设计原理，推进现代性的自由伦理与社会自组织系统的发育壮大。

至于如何面对权力政治对儒家的亲和取向，我觉得要从正反两个方面来看：一方面，这一取向无疑具有正面意义，当代政治不再一味打压儒家传统，而是向儒家敞开，借此儒家可以更主动地申说义理，躬行理念，推动社会的文明更化；但另一方面，这也对儒家构成了考验，迫使儒家拷问何为现代政治，而不是盲目投机政治，否则很可能重蹈传统儒家沦为皇权专制的附庸之覆辙。儒家在面对政治和走向民间的双轨制"复兴"过程中，如何与自由主义现代政治相结合，如何完成"道统—政统"结构内部的现代性的宪制构造，如何对待民主、法治与人权，则成为儒家整体尤其是政治儒学当代面目、形象与历史定位的关键。

　　儒家从花果飘零之窘境走到重新"公共化"的大幕刚刚开启，各色人等粉墨登场，各种复古与更化之故事呈连篇累牍之势，我们且看山河重整，波诡云谲。我作为儒家思想价值的支持者，提醒儒家诸君审慎警惕，要时刻反问儒家需要何种政治，如何达致政治清明，如何推动自由民主的政治发展，而不是逞一时之雄辩，助长了另外一种非现代的政治图谋。希望当代新儒家能够一路走好，将儒家真精神发扬好，与时俱进，明辨是非。民间儒家的价值诉求与实践空间巨大，庙堂儒家或急欲登庙堂之儒家，其实际的理想寄托与政治命运颇值怀疑。因此，真正的儒者更需持守现代立场，牢固自由价值，锐意推进儒家义理的现代创造性转化，做现代中国政治大转型的正面推动者，而不是权力政治的附庸者。

　　　　　　　　　　（原刊于《财经》，2014 年第 30 期）